LIVING WICCA
魔女の教科書

スコット・カニンガム 著
訳：元村まゆ

編

A Further Guide
for the Solitary Practitioner

by Scott Cunningham

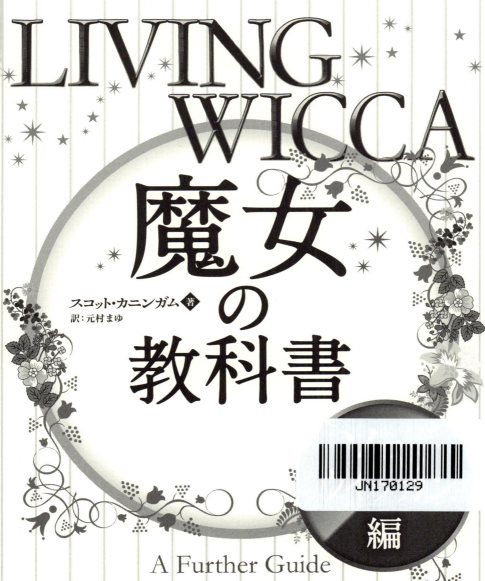

"Translated from"

LIVING WICCA:
A FURTHER GUIDE FOR THE SOLITARY PRACTITIONER
Copyright © 1993 Scott Cunningham

Published by Llewellyn Publications
Woodbury, MN 55125 USA
www.llewellyn.com

「ウイッカの信仰と実践の基本を学んだなら、次のステップは、この宗教に従って生きていくだけです。人生をどれほどその影響を受けたものにするかは、まったく私たち自身が決めることなのです」

「本書を執筆したのは、ウイッカの実践だけではなく、ウイッカンとしての生き方の手引書になればと思ったからです。それでも、ここにはアイデアや提案しか書いていません。私たち1人ひとりが、完璧な道を見つけなければならないのです。あなたの探求の旅に、女神と男神のご加護がありますように」

スコット・カニンガム
1956－1993

著者紹介

　スコット・カニンガムは、1956年6月27日、ミシガン州ロイヤルオークで生まれた。高校在籍中にすでにウイッカについて学び、20年にわたってエレメンタル・マジック〔訳注：四大元素を使った魔術〕を実践した。経験と研究を積み重ねたのち、魔術の修業で学んだことについて本を執筆し、その後も納得できるまで何度も書き直している。30冊以上の著書（フィクション、ノンフィクションを併せて）が出版されている。彼の流儀はシンプルで率直だ。1993年3月28日に今回の人生から旅立ったが、彼の著作と言葉は今も生きつづけている。

本書を世界中のソロのウイッカンに捧げる

CONTENTS

トラディショナルなウイッカンの方々へ …………… 9
はじめに……………………………………………… 10

第1部　学　習

1. 学びのツール ……………………………………… 14
2. 秘密にすること …………………………………… 28
3. 体調がよくないときでも、魔術は行うべき？ …… 36
4. マジカルネーム …………………………………… 42
5. セルフ・イニシエーション ……………………… 46
6. ウイッカの神秘 …………………………………… 51
7. ウイッカの日課 …………………………………… 56

第2部　実　践

8. 効果的な祈り ……………………………………… 62
9. 日々の祈りとチャント …………………………… 73
10. 感謝と供物の祈りと儀式 ………………………… 77
11. 簡単なウイッカの儀式 …………………………… 82
12. 魔術とソロのウイッカン ………………………… 87

第3部　あなたの宗派

- 13. 新しい道をつくる ……………………… 96
- 14. 神の概念 ………………………………… 100
- 15. ツール、祭壇、衣服、儀式の宝石 ……… 116
- 16. 儀式の様式　その1 …………………… 124
- 17. 儀式の様式　その2 …………………… 141
- 18. 信仰 ……………………………………… 150
- 19. 規則 ……………………………………… 155
- 20. ウイッカのシンボル …………………… 167
- 21.「影の書」………………………………… 181
- 22. 教えるということ（輪を広げる）……… 187
- 23. ウイッカを生きる ……………………… 195

- **用語解説** ………………………………… 199
- **参考図書リスト（注釈付き）**…………… 210

トラディショナルなウイッカンの方々へ

　本書は、"A further guide for the solitary practitioner"（ソロのウイッカンに向けた手引書・上級編）と副題がついていますが、トラディショナルなウイッカ、ウイッカの伝統、カヴン（「用語解説」参照）、通常の修業の方法に異を唱えるものではありません。本書は、前書"Wicca: A Guide for the Solitary Practitioner"（『魔女の教科書──自然のパワーで幸せを呼ぶ"ウイッカ"の魔法入門』佐藤美保訳、パンローリング、2015年）と同様、トラディショナルなウイッカ、ウイッカの伝統、カヴン、通常の修業の方法を学ぶ機会のない人のために書いたものです。

　本書をトラディショナルなウイッカに対する侮辱と感じる人もいるかもしれません。なので、もう一度繰り返します。本書は伝統的なウイッカのやり方を学ぶ機会のない、ソロのウイッカンのための手引書です。トラディショナルなウイッカやウイッカの他の宗派を軽視する意図はまったくありません。

　先入観なしに読んで、あなたが同じように進むべき道を求めていたときのことを思い出してください。

はじめに

　本書は、ソロのウイッカン（個人の実践者）のための少しレベルの高いアドバイスをまとめたもので、この信仰に対して一定の経験がある読者を想定しています。ですから、専門用語や儀式について、いちいち説明していません。簡単な意味は、「用語解説」を参照してください。

　本書の第1部では、ソロのウイッカンが興味を引かれる、さまざまな重要なトピックを取り上げています。第2部には、毎日の祈り、供物と感謝の儀式、効果的な祈りや魔術の手引を集めました。第3部では、あなた自身のウイッカの宗派を作るのに役立つシステムを提示しています。

　本書はたった1つの前提のもとに執筆しました。それは、ウイッカは門戸の広い宗教であり、1人でもグループでも、イニシエーション（入会儀式）を受けた人も受けていない人も、祭壇の前に来て、女神と男神に礼拝できるということです。ウイッカの修業は、興味をもった人なら誰でも始めることができるのです。

　本書は、木々の間から輝く月に心を奪われた人、日常生活の枠組みを超えた、崇高な世界を追求しはじめた人、煙たなびく魔法円の中に立ち、祭壇のキャンドルがゆらめく間に、両手を高く上げて女神や男神に礼拝する人、自分の選択にせよ、なりゆきにせよ、銀の女神や有角神と出会った人のために書きました。

　『魔女の教科書』の読者から、ソロのウイッカンを対象にした本はほとんど見当たらないので、もう1冊同じような本を書いてほしいと頼まれました。本書が少しでもこの要望を満たすものになることを願っています。

では、今度お会いするときまで、あなたに「幸いあれ」。

1992年7月10日

カリフォルニア州ラメーサにて
スコット・カニンガム

第1部
学 習

1 *Learning* 学びのツール

　カヴンのメンバーなら、ウイッカに関する知識を求め、深める際に、指導者から教えを受けたり、学習サークルに出席したり、他のウイッカンの体験を共有したりすることができます。しかし、ソロのウイッカンにはこうした機会がありません。では、私たちにとっての学びの手段には、どんなものがあるでしょう。

　私たちはクリエイティブであらねばなりません。独学は素晴らしい挑戦ですが、独学を成し遂げるには、次の4つのツールを使う必要があります。

　学ぶ
　考える
　祈る
　試してみる

　この4つのツールを使えば、ソロのウイッカンであっても、最も効果的にウイッカの知識や理解を深めることができます。もし自分を信じてみようと思うなら、自分で考えてみようと思うなら、あるいは自分は間違ったことをしているのではないかと不安にさいなまれているなら、この4つのアプローチによって、ほとんどの疑問は解決できるはずです。

魔法円を描くにしろ、女神や男神に祈願するにしろ、あるいは季節を祝って儀式を行ったり、ウイッカの魔術を行ったりするにしろ、唯一の正しい方法というものはありません。魔法円を描くのにも、女神や男神に祈りを捧げるにも、季節を祝うにも、方法はいくつもあるのなら、これはソロのウイッカンにとって、またとないチャンスです。ウイッカの唯一のやり方しか認めてこなかったウイッカンたちが見逃してきた、新しい崇拝の形を発見できるかもしれないのです。

　どうすればいいでしょう？　学び、考え、祈り、試してみましょう。

学ぶ

　書物はこれまでもつねに魔法のツールでした。ページをめくれば、私たちは海の底や無限の砂漠、月の表面へといざなわれます。書物は気持ちを奮い立たせ、傷を癒し、不屈の勇気を与え、信仰を強固にします。また、好奇心をかき立て、頭脳を冴えさせ、新しい技術を教え、意見を変えたりもします。書物はパワフルな改革のツールなのです。

　ウイッカについて学びたいと思ったら、多くの人はまず本を読みます。ほとんどの人は、本をガイド役にして、ウイッカンへの道の第一歩を踏み出します。経験豊富なウイッカンによって明快に書かれたものなら、書物は有益な学びのツールになります。こうした良質の書物は、読者にとってハイ・プリースト（司祭長）またはハイ・プリースティス（女司祭長）、カヴァナー（カヴンのメンバー）、友人になることでしょう。

　実際のところ、ウイッカのよき指導者は不足しており、また彼らが効果的に指導できる生徒の数も限られているため、私たちは経験と権威を伝える責任を、ウイッカンによって書かれた書物に任せてきました。こうした作品の大部分が、新しい時代のウイッカの教師となったのです。

　それでも、多くの書物を読んだせいで、混乱を招く場合があります。ウイッカの儀式や概念に関して、複数の著者が矛盾した記述をすること

があるのです。ミステリアスな文体によって、ウイッカの知識を故意にあいまいにする著者もいます。専門家が口々に自分のやり方が最高だ、最も有効だと書いているために、ソロのウイッカンは、答えを求めて本を読んだのに、ますます疑問が増えてしまったということになりかねません（この傾向は、今日のウイッカンの書物からは消えつつありますが、このような記述を含む多くの古い書物がまだ出版されています）。

　ある書物には「祭壇はつねに東に置くこと」と書かれ、別の書物には「北に置く」と書かれています。ある著者は、魔法円の中では反時計回りに動いてはいけないと書いているのに、別の著者は読者に、まさに反時計回りに動くよう命じます。サバト（季節の祝祭）やエスバット（ウイッカの集会のうち8つのサバト以外のもので、満月の夜に行われることが多い）の日取りや呼び名も、著者によって大きく異なります。道具にも異なった名前、特性、機能が与えられています。

　そうして、本来新しいソロのウイッカンの気持ちをかき立てるはずの書物が混乱と失望をもたらすものになってしまい、読者はこんな本を読んでいては真の学びは達成できないと結論を下して、どこかへしまいこんでしまうかもしれません。

　これは残念なことですが、1冊1冊の書物がそれぞれ異なる教師であり、それぞれの教師は教えるテーマに関して異なった考えをもっているのだと肝に銘じておけば、こうした事態は避けることができます。経験豊富な4人のカーレーサーが、新人を教育しているとしましょう。それぞれが自分の生徒に、この危険なスポーツの基本を教えています。最速のエンジン設計、最高のオイル、レース中に使う最も効果的な戦術といったテーマについて、ドライバーたちはおのおの異なったやり方で教えます。1人ひとり異なった偏向が現れるでしょうが、どの人もレースについて教えていることに変わりはありません。

　ウイッカに関する書物も、教師がそうであるように、それぞれが非常に似かよっています。それぞれが積んできた経験と訓練によって、著者

の中にウイッカに関する理想が形成され、それが著書の中に明確に示されています。どんな分野であっても、熟練者の間に意見の相違があるのは自然なことで、それに直面したからといって、不安を感じる必要はありません。

　一見相反する情報に疑念を抱いたときは、その情報をよく調べた上で、どちらに従うか決断を下しましょう。自分の直感に従ってください。言い換えれば、自分が正しいと思えるものを決めるために、公表されている儀式や、儀式の教本の中から、自由に選べばいいということです。こうやって選択すると、たいていの場合、それが最も有効なものだったと判明するでしょう。

　すでにあなたのこんな声が聞こえてきます。「待ってください！　私にはとてもできません！　私に自分がしていることは正しいかどうかなんて、わかるはずがありません。誰かに教えてもらわないとだめなんです！」

　さあ、ここがソロのウイッカンであるあなたの正念場です。自分自身の教師になってください。書物から学べることは多いです。自分を信頼できるようにならねばなりません。あなたにできる最良の方法で問題を解決しましょう。考え、祈り、試してみましょう（本章の次の３つのセクションを参照のこと）。とにかく、やってみるのです。

　書物に書いてあることが絶対に正しいとは限りません。ほとんど正しい情報が掲載されていない本もあります。読者の多くは、本に書いてあることは何でも信用する傾向があります。そして、「だって、ここにちゃんと書いてあるんだもの。間違いないわ」と言うのです。残念なことに、ほとんど誰にでも本は書けますし、出版することさえできます。それでも、本に書いてあることはすべて正しいと言えるでしょうか？

　言えませんね。実際、いくつかの専門的な出版社は、ウイッカの「悪魔的」な性質を取り上げた、虚偽だらけの本を出版しつづけています。そうした本には、人身御供、乱交、悪魔への祈りなどの儀式について書

いてあります。これらの本は、数人の悪質な自称キリスト教徒によって書かれたものですが、聖書からの引用を繰り返し使っているために、書店の棚で簡単に人の目に留まります。このような悪意に満ちた学術書からは何も学ぶことはありませんから、手に取らないほうが賢明です。

　他にも、学者をはじめとして、ウイッカの信仰や実践方法を正確に記録することに興味をもつ人々によって書かれた本がありますが、誤った情報が含まれている場合があります。ウイッカの信仰に関する調査（人類学者のタニヤ・ラーマンによる"Persuasions of the Witches' Craft"〈ウイッチクラフトの信条〉など）のほとんどは、著者の偏見によってわい曲されているため、その内容に真実が書かれていることはほとんどありません。ですから、やはりこうした本や、ウイッカンではない人が書いたウイッカの本は読まないのが一番です。

　本に関して陥りやすいもう1つの落とし穴は、ネガティブな魔法を称賛した記述があることです。こうしたことはウイッカのテキストではなく、魔術の本に書かれていることが多いですが、それでも、ソロのウイッカンには魔術のテキストを熱心に読む傾向があります。こうした記述の大部分は、呪いの奇跡を描き、敵に呪いをかけるたくさんの方法を教えています。これらの本には正しい情報も含まれているかもしれませんが、こうした記述を読むと、ネガティブな魔法も受け入れるべきという誤った考えを植えつけられます。この種の内容は、「何人も害するなかれ（harm none）」というウイッカの規則を唱えて振り払ってしまいましょう。

　最後に、ウイッカンによって書かれた古い本の中には、絶対的真理のように思えるけれども、実際は完全な偽りである記述が含まれているものがあります。例えば「ウイッカは英国の国教だ」「儀式を行うときは裸にならねばならない」「ウイッカには性的儀式が必要だ」、あるいは、おなじみの「魔女だけが魔女を作ることができる」（つまり、イニシエーションが必要だということ）などです。こうした記述は、その著者が属

するウイッカの伝統について書いた文の中にあり、その伝統の中ではまったく正しいのかもしれません。しかし、その伝統の外にいる人々には、何の正当性もないのです。本の中にこうした記述があったとしても、気にかける必要はありません。

誤った情報が最もよく出てくるのは、ウイッカの古い歴史について書いた書物です。ここに書き加えるつもりはありませんが、ウイッカの古い物語を読むときは、判断力を最大限に働かせ、眉につばをつけながら読むことをお勧めします。

本は100パーセント信頼できる情報源でないにせよ、以下のことを念頭に置いて読むなら、1人で歩むあなたにとって、貴重な味方になるでしょう。

- 本は使うために存在するツールであり、教えを提供してくれます。私たちはその教えを、実践に取り入れなければなりません。

- 本はすべての質問に答えてくれるわけではありませんが、それはどんなハイ・プリースティスやハイ・プリースト、教師でも同じです。

- 本を読むときは、洞察力をもちましょう。もし著者が、明らかに真実ではないとわかる乱暴なことを書いていたら、その本は情報源として信頼できないかもしれないと考えましょう。

- 本に印をつけましょう。重要な文にはアンダーラインを（鉛筆で）引いたり、重要な箇所にはしおりをはさんだりするとよいでしょう。索引を増やしたくなるかもしれません（多くのウイッカンがそうしています）。（完璧主義者は同じ本を2冊買い、1冊は新品の状態のまま本棚に置いておくこともあります。）

- 何冊もの本から、魔術、エネルギー上昇、魔法円作りなど、特定のトピックに関する情報を抜き出してまとめておくといいでしょう。メモを取って、何冊かの本の教えをまとめたものを使って学習しましょう。こうすることで、情報を吸収する（そして使う）プロセスが容易になり、あなたにとって正しい情報を見つける可能性が高まるでしょう（情報を集め、整理し、利用するというプロセスは、新しい技術、職業、趣味、宗教を学ぶための最も重要な一部です）。（本書の第3部参照。）

- 本が高価で予算をオーバーするなら、予算を変更するか、近所の古本屋を探してみるといいでしょう。図書館にもウイッカの本があるかもしれませんが、書架には見つからないでしょう。書架に並べておいたら、盗まれることが多いからです。ほとんどの図書館では、オカルト関係の本はカウンターのうしろか倉庫に保管されています。ウイッカの本を借りるとき、司書から変な目で見られるかもしれません。それが嫌なら、自分は新聞社で働いていると言うか、相手に何か問題がありますかと尋ねるか、あるいは何も言わずに相手をじっとにらんでやるといいです。（実際のところ、ほとんどの図書館司書は誰がどんな本を借りようが気にかけません。）

- 最後に、読書を受動的な行動と思ってはいけません。あなたが重要な役割を果たす、能動的なプロセスにするのです。あらゆることに疑問をもちましょう。もちろん本書も、これらの私の指示も例外ではありません。自分は何を学んでいるのかを考えるのです（次のセクション参照）。著者が言うことを鵜呑みにせず、同じようなテーマについて書かれている本を読み、調べましょう。「何人も害するなかれ」という規則を思い出すのです。書物は素晴らしい教師ですが、自分の意志でそのメッセージを聞かねばなりません。そして、

自分を信じられるようになれば、その教えは自分のものになっていくでしょう。

考える

これまで、学びの際には自立して考えることが重要だと述べてきました。この思考プロセスを、本を閉じたあとも継続すべきです。ウイッカの教師の多くは、自分が指導するクラスはまだ学びを始めたばかりだ、自分は生徒が学びを継続するための踏み台にならなくてはいけないと言います。しかし、教師の教えを踏み台にするためには、教えられたことをじっくり考えないといけません。

このやり方は、米国のほとんどの教育システムで行われている「こう考えなさい、こう信じなさい」と生徒に押しつけるやり方とは正反対のものです。生徒が自立して考えることは、従来の教育方針には邪魔になるので、旧体制からすると、見すごせない脅威に感じられます。そして、あらゆる教育機関、とくに最高水準の教育機関やあいまいな学問領域（修士課程プログラム、医学研究、物理学など）では、このやり方は骨抜きにされてしまうのです。

考えると、さまざまな疑問がわいてきます。学びのプロセスは、疑問をもつことから始まるのです。「魔法円はどうやって作ればいいの？」という疑問への答えは、本を読み、学んだことをじっくり考えれば見つかります。そして、この考えるプロセスは、必要になったときにいつでも使えるようにして、次の新しい情報の発見へとつながっていかなければなりません。

新しく学んだこと（例えば、魔法円を作るさまざまな方法など）をじっくり考えて、よく吟味した上で、自分に合わない情報は除外すればいいのです。もし本に書いてあるアサメイ（儀式用ナイフ）の聖別の儀式を行う気になれなかったり、もう1人メンバーが必要だったりする場合は、

あなたの頭の中の「休止中ファイル（インアクティブ）」へ入れておきましょう。このように、学んだことをよく考えることは、情報を選別し、あなたにとって理想的なウイッカの実践方法を発見するプロセスの一部なのです。これは学びにとってきわめて重要な要素です。

こうしたことは、女神や男神、再生、倫理など、ウイッカの信仰と実践のあらゆる局面に関する疑問に当てはまります。

新米のソロのウイッカンの多くは、女神に関してさまざまな疑問をもちます。「女神はどんな姿をしているのかしら」「女神とコンタクトを取る、一番よい方法は何だろう」「本当に女神はいるのだろうか」「女神に触れることはできるのかしら」「女神はどこからやって来るのだろう」「私はどの神話を使うべきなのだろう」。このような疑問の多くは、学び、考えることで答えが見つかりますが、祈りや実験をしてみないと見つからないものもあります。

また、**考えること**は、**感情**と結びついているべきです。私たちは、自分の感情を信用してはいけないと教えられてきました。しかしながら、ウイッカの世界では、私たちはそもそも感情によってウイッカに引き寄せられたのだと思っています。それなのに、感情を脇へ追い払ってしまうのは、賢いやり方でしょうか？ 私はそうは思いません。

直感（潜在意識で感じる、説明のつかない知識や感情のこと）とは、霊的な気づきの１つの形です。ウイッカを学ぶとき、このツールを使うことはとても重要です。直感を通して、この情報は疑わしいと判断できるからです。このような情報への反応は、最終的な決断に大きな影響をおよぼすでしょう。

それに、考えることは、ソロのウイッカについて学ぶのに欠かせない要素なのです。これについては、以下のようにまとめられます。

- 疑問を見きわめる（必要なら）。

- 知識を発見するために学ぶ。

- 発見した知識に関して、自分がどんな感情を抱くかを見きわめる。自分の直感に従う。

- この感情や直感をもとに、ソロのウイッカンの実践にどの情報を取り入れるべきかを判断する。

ソロのウイッカンには、以上のようなプロセスが必要です。これまで学習してきたことをじっくり思い返してみましょう。そして、自分自身を、自分の直感や感情を信頼しましょう。そして、学ぶのです。

祈る

祈りはウイッカンなら誰でも使えるツールです。完全に行き詰まってしまったときや本の中に情報が見つからないとき、あるいは、見つかっても混乱するばかりのとき、心から助けを必要とするときには、助けを求めましょう。このたぐいの祈りには、長い儀式は必要ありません（とくに、これだという儀式の形式がまだ決まっていない場合は）。ただキャンドルをともしたり、森や公園の中を歩いたりしながら、祈ればいいのです。ネコをなでたり、炎を見つめたり、立ってシャワーを浴びたり、バスタブに体を沈めたりしながら、祈ってもかまいません。また、タロットカード、ペンドラム（振り子）、ルーン文字が刻まれた石といった、おなじみの占いのツールを使うのもいいですが、こうしたツールは、祈りの前ではなく、あとに使いましょう。

祈りの言葉より、あなたが祈りに込める気持ち、それに願いごとをはっきり伝えることのほうが大切です。願いごとは女神だけに伝えても、女神と男神の両方に伝えてもかまいません。あなたがその情報を必要とし

ていること、あるいは現状に対する指導を求めていることを伝え、前もって助力に感謝しましょう。

　真の祈りは、口に出した言葉以上の力をもっています。というのは、信じる者は祈りを通して、女神や男神に向けてエネルギーを放出するからです。すると、自然は空白を埋めようとして、答えを出現させるのです（ウイッカの祈りについての詳細は、第8章を参照のこと）。

　答えはさまざまな形を取ります。例えば、突然「あなたに教えることがたくさんあります。キャンドルを2本、祭壇に置きなさい。夜、あなた以外の家族が眠りについたあとでサバトを行いなさい。この時点では、まだセルフ・イニシエーションを施す必要はありません。ワインがいいですが、アップルサイダーやグレープジュースでもかまいません」という声が聞こえたというような、とてもわかりやすい例もあります。私たちはみな、内面に女神の聖なる火の火花を秘めているので、こうして女神と直接言葉を交わすことも可能です。しかし、このように直接言葉を交わすことは、めったにありません。

　よくあるのは、象徴的な形でメッセージが現れることです。雲が何かの形に見えて、その形が答えを暗示したり、カードや石や、ペンドラムの動きによって答えがわかったり。眠る前に情報を求めて祈ると、夢の中で答えが返ってくることもあります。こうした重要な夢は記録しておき、あとでよく考えて、あなたの疑問と関連したものかどうか判断しましょう。眠っている間は、起きているときよりずっと簡単に、女神や男神とコミュニケーションを取ることができます。なぜなら、疑い深い（顕在）意識から解放され、私たちは潜在（霊的な）意識の指示に従うからです。

　祈りに対する答えは、他にもさまざまな形で現れます。何気なく手に取った本に必要な情報が書かれていたり、郵便で届いたばかりのウイッカの出版物の中に、記事が見つかったりすることもあります。祈りに対する答えは必ず返ってきますが、いつも直接的な方法で返ってくるとは

限りません。

　それでも、あなたが受け取った答えは、あなた以外の人には関係がないかもしれないということを、心に留めておきましょう。女神があなたに語りかける場合、女神はすべてのウイッカンにではなく、あなただけに伝えたのです。そのメッセージは、あなた以外の人にはほとんど、あるいはまったく意味のないことかもしれません。もしあなたがいつもアメジストやトパーズなどの半貴石に魅せられていたとして、女神が半貴石で魔法円を作りなさいと言ったのなら、この知識はあなたにとっては正しいですが、あなた以外の人にとっては、まったく不適切なのです。神の啓示は世界中を対象にしたものではなく、個人的なものであることが多いのです。このようにして受け取った知識はぜひとも使うべきですが、他のウイッカンのやり方を否定するものではありません。神からのメッセージは受け取れても、女神の代弁者になれる人は誰もいないのです。

　祈りによって受け取った答えは、注意深く扱い、感謝を捧げる価値があります（女神と男神に感謝を捧げる儀式については、第10章で述べます）。

　情報収集の手段として、祈りを軽視してはいけません。祈りは実体のないものに思えますが、その答えがどこからやってくるかを考えたとき、畏敬の念に打たれるのではないでしょうか？

試してみる

　さて、あなたはたくさんの本を読み、それによって得た情報をじっくり考え、さまざまな源から得た情報を整理しました。そして、その知識を感情（直感）というふるいにかけて分類し、神々に助力を求めて祈りました。次は何をすればいいでしょう？　そうやって得た情報を実践するのです。

結局のところ、ウイッカとは生きた宗教です。宗教は、理論や、儀式の計画の中に存在するのではありません。誰かが実践し、信じたときに命を芽吹くのです。外的な形（儀式、ツールの使用）は重要です。なぜなら、非物質的なプロセスの象徴となり、そもそもウイッカにおいて何をしているのかを私たちに思い出させてくれるからです。

　さまざまな儀式の形式を使って、実際に儀式を行ってみましょう。いろんな形式を組み合わせ、うまくいかなかった組み合わせは切り捨て、充実感が得られたものはしっかり記憶しておきましょう。「これは正しい方法でしょうか」「私は間違ったやり方をしているのでしょうか」といった疑問で、あなたの創造的なプロセスを妨害してはなりません。このような疑問は、進歩を遅らせるだけです。

　季節の祝祭から、エスバット、パワーを高めること、テクニックの伝え方、魔法の儀式、ツールの使い方と意味、セルフ・イニシエーションなどまで、あらゆることを実際にやってみることは、ソロのウイッカのすべての側面を決定するのに必要なプロセスです。

　この4ステップからなる独習プランは、あなたのウイッカの信仰や実践を明確にするのに、間違いなく役立ちます。ウイッカの実践において、生まれ変わりという概念はどれほど重要でしょう。「何人も害するなかれ」という規則は、どこまで適用すればいいのでしょう。儀式を行うのに、最も適した時間はいつでしょう。満月とサバトの日には、いつも魔法円を描かなくてはならないのでしょうか。こういった儀式は、他の日時に行ってもいいのでしょうか。こうした疑問への答えは、学び、考え、祈り、試してみれば、見つけることができるでしょう。

　ソロのウイッカンとして、あなた自身の宗派をつくり、あなた自身の「影の書」を作成するための完全ガイドは、本書の第3部にあります。第3部で提供する情報は、この道を進もうと決めた人に、大いに役立つ

でしょう。

　そんなものは必要ないと判断する人もいるかもしれません。儀式のガイドを一式見つけ、そのやり方に従ったら、他のものはいらないと思うかもしれません。それはそれでいいのです。でも、これらの儀式に疑問をもったとき、答えを見つけるために、この章に述べてあるプロセスを使いたいと思うことでしょう。

　ソロのウイッカンへの道は困難かもしれませんが、試行錯誤しながら学んでいくことに価値があるのです。経験が増えていくにつれ、知識も増え、さらに疑問も増えていきます。そうして学び、考え、祈り、試してみるというプロセスへとつながっていくのです。

　ソロのウイッカンの目標は、すべての答えを知ることではありません。こうした答えのうち、最も重要なものを見つけることが目標なのです。ウイッカという宗教を実践し、この学びのツールを使えば、それを見つけることができるでしょう。

2 *Secrecy* 秘密にすること

　ウイッカにおいても魔術においても、秘密にすることはひじょうに重要だと考えられてきたので、それに関するいくつかの言葉をここで検討しておきましょう。この章では、各テーマを別々に論じていきます。

ウイッカの活動は秘密にすべきか？

　つい最近まで、米国ではウイッカのメンバーがぐっと少なくなり、ペイガン信仰に対しての人々の理解が得られず、ウイッカンは自分の宗教について口を閉ざしがちになっていました。結婚生活が破たんするのではないか、家や仕事、子供さえ失うのではないかという恐れがきわめて現実味をおびていたのです。ウイッカンは宗教的活動を人目につかないところで行うようになっていました。とくに親しい身内か友人しか、ウイッカンが満月の夜に何をしているか（そして、なぜいつもサバトのあとに休みを求めるか）を知りませんでした。
　こうしたウイッカンは、たいていがカヴンのメンバーで、イニシエーションを受けたときに秘密を守る誓いを立てていました。マジカルネーム、自分以外のカヴンのメンバーの身元、魔法円の中で行われる儀式、それに、そのグループ独自の宗教や魔法の儀式など、人に知られてはいけないことがたくさんありました。たとえ自分の宗教について語りたい

と思うウイッカンがいたとしても、世論や秘密の誓いがそれを許しませんでした。ほとんどのウイッカンが二重生活をしていました。1つは、仕事、ＰＴＡ、隣人とのもめごと、予算編成、洗車といった俗世の活動で、もう1つは、宗教や魔法にどっぷり浸る生活でした。

　今日、この状況は多少変化しました。ウイッカの新聞『サークル・ネットワーク・ニュース（Circle Network News）』の各号には、大衆雑誌や新聞に掲載された、ウイッカに関するたくさんの有益な記事が掲載されています。ウイッカンや女神崇拝者に関する記事が『ウォール・ストリート・ジャーナル（Wall Street Journal）』の第1面に掲載されたこともあります。テレビのトークショーは「魔女」のエピソードがお気に入りで、ウイッカンが出演して、この宗教について語ることもあります。

　こうした報道により、ウイッカンでない人々の間で、ウイッカに関する認識が大いに高まりました。間違った概念を与えたかもしれませんが、とりあえずウイッカの存在を知らしめたのです。

　認知されたウイッカンは、ときには教会に招かれて、この宗教について信徒に説明することもあります。刑務所の受刑者たち、あるいは他の宗教の聖職者に直接ワークを行うこともあります。中には、国税庁から免税宗教団体（ウイッカ全体としてはこの認定を受けていませんが）に認定されているグループもあります。また、米陸軍は所属の牧師に、ウイッカを正規の宗教として認定するよう指示しています。ときには新聞の宗教面に、ウイッカに関する記事が載ることもあります。

　それでも、ウイッカに対する一般的な風潮としては、混乱、疑念、恐れというところでしょう。ある宗教を信じるよう育てられた人に、他の宗教の存在を認めさせようとすると、脅威を感じます。ウイッカのように正しく理解されていない宗教はとくにそうです。こうした風潮は、暴力や殺人に発展する恐れがあります。

　疑うことを知らない一般の人々に、絶えず誤った情報が提供されると、このような反応が生じるのです。こうした虚偽の情報の出所は、主とし

て「テレビ伝道師」です（すでに全盛期は過ぎ、存在感を失いつつあります）。しかし、小さな町の牧師の多くは、今も私たちウイッカンのことを、邪悪な子供殺しの悪魔で、その目的は世界征服だと信者たちに話します。最近メディアが広めた「ニューエイジ」運動は、キリスト教にとっての邪悪な脅威として広く論じられています。

　私たちなら、これはばかげたことだとわかりますが、多くのウイッカンでない人たちにはわかりません。こんなとんでもない状況にあっても、あなたが自分の宗教について、親、恋人、子供、友人、雇用主、家主、隣人たちに打ち明けるのは、はたして適切なことでしょうか。打ち明けたために相手が怒り、恐れ、無理解を示したなら、あなたは打ち明けないほうがよかったと思うのではないでしょうか。恋人は冷たくなり、雇用主からはクビを言い渡され、隣人からのけ者にされ、親は（より保守的な宗教の信者である場合）ひどく困惑し、家主からは30日以内の退去を言い渡されるか、賃貸料を上げられるかもしれません。十分あり得ることです。

　逆もあり得ます。恋人に、自分は違う宗教を実践していると言うことで、きずなが強まったり（「そう、少なくともあなたは何らかの宗教を信じているのね」）、未解決の問題が解決したり（「ということは、あなたが月に1度夜中にやっていたのはそれだったのね」）するかもしれません。理解ある雇用主なら、儀式のために休みをくれるかもしれません。隣人は、満月の夜にはあなたの家を訪問しないほうがよいとわかってくれるでしょう。家主は？　そう、やはり誰にでも打ち明けていいことではなさそうです。この決断は慎重に行いましょう。あなたの居場所がたちまち影響を受けるかもしれないのですから。

　いつ、誰に打ち明けるかは、あなたのウイッカの知識、この宗教への傾倒の度合い（しばらくすると、隠しておくことが難しくなってきます）、話す相手とあなたの関係、住んでいる地域の宗教的状況、それに、宗教というきわめて個人的な問題を、どれほどためらいなく話せるかといっ

たことをもとに決めるといいでしょう。

　たとえ夫や妻であっても、必ずしも打ち明ける必要はありません。夫や妻から尋ねられたら、話したいと思うかもしれませんが、あなたが10月31日に何をするかを知る権利は、誰にもありません。宗教的自由——すなわち信教の自由、抑圧的な宗教からの自由、自分の信仰について語ることからの自由——とは、こういうことです。

　私は13年間、騒々しい地域にある２階建てのアパートに住んでいました。このビルの所有者は再生派のキリスト教徒で、ビルの隣で銃器店と掃除機修理店を営んでいました。この男性とは毎日のように会い、彼はしょっちゅう私の部屋へやって来ていましたし、私も彼の家族をほとんど知っていました。そのアパートに住んでいた間に、私は魔法とウイッカに関する本を10冊出版し、テレビ、ラジオ、新聞のインタビューを数え切れないほど受け、その地域で何百ものクラスを教え、たくさんの儀式を行い、何十回もカヴンの集会を主催しました。夜には星を眺め、ベランダで育てたハーブや植物を使って呪文を唱え、激しい雷雨の中で瞑想しました。すべての面でウイッカンとして行動していたのです。

　それなのに、私がそこに住んでいた間、家主は一度も私の宗教について尋ねたりしませんでした。そう、彼はよくウイッカのパンフレットの裏を領収書代わりにして「家賃を受け取ました」と書きましたが、２人の間で宗教が話題にのぼることはありませんでした。私も彼も宗教のことは口に出さず、家主と店子として、よい関係を続けたのです。

　もし私がある日彼の店へ入っていき、「実は、私は魔法使いなんです」と言ったりしたら、きっと追い出されていたでしょう。自分の宗教については話さないと決めていたからこそ、駆け出しライターの時代、安い家賃で広いアパートに何年も住むことができたのです。

　自分はウイッカンだと人に知らせるかどうかは、自分自身で決めるべきことです。それでも、少しだけアドバイスをしておきます。多くの人は、あなたが何を信じ、誰に祈りを捧げているかなど気にかけません。この

テーマには関心がないのです。

　人を驚かせ注意を引くため、お金を稼ぐため、あるいはエゴを満足させるために、自分はウイッカン（あるいは「魔女」）だと世間に知らせようとする人がいます。これは自分の宗教について人に打ち明ける理由の中でも、最悪のものです。

魔術を秘密にすること

　これまで述べたことのほとんどは魔術の実践とも関連しますが、ここで述べることは、魔術だけに関することです。魔術とは、必要な変化を起こすために自然のエネルギーを投げかけることであり、ウイッカの重要な要素です。私たちは魔法円の中で、地球にエネルギーを送り、病気を癒すのを助け、自分自身を守り、人生に愛をもたらし、さまざまな変化を起こすために種をまくのです。

　魔術は日常的な活動と言っていいかもしれません。多くのウイッカンは民間魔術を行います。例えば、魔よけを作ったり、ハーブを調合したり、エネルギーに満ちた物質——石などの自然物を使って必要な変化を起こしたりします。小さな変化もあれば、ときには非常に大きな変化を起こすこともあります。通常、民間魔術は、魔法円の中では行いません。ここでは、儀式的な魔術と民間魔術の両方について、秘密にすべきかどうかをお話ししていきます。

　一般に、魔術を成功させるためには、絶対に秘密にしなければならないと信じられています。「自分が行う魔術については、決して口外してはいけません」。私たちはそう教えられてきました。「魔術に関心があるなどと、友人に話してはいけません、ましてや昨夜キャンドルの儀式を行ったなんて、絶対に言わないこと」と教えられてきました。「黙っていなさい。話してはいけません、パワーの働きに任せるのです」と。

　なぜ魔術は秘密にしなければいけないのでしょう？　いくつか理由が

あります。誰かに魔術のことを話したら、魔術に込めたエネルギーが散逸してしまうからだと言う人がいます。また、儀式を行うことをウイッカでない人に話したら、その人は魔術を信じていないというだけで、無意識にまじないの効力を阻害するエネルギーを送ってくるからだと言う人もいます。また、かつては魔女狩りに会わないためには、魔術を行うことは秘密にするしかなかったのだと言う人もいます（これは明らかな事実です）。秘密にすることで、魔術の神秘性が高まると言う人もいれば、理由は言わずに、ただ「他言無用」という昔のおきてを繰り返すだけの人もいます。

　これは迷信でしょうか？　おそらくそうでしょう。魔術という行為については、いまだにはっきりしたことがわかっていません。結局のところ、私たちは、物理学者がまだ解明できていないエネルギーを使っているのです。魔術の儀式の有効性を目のあたりにした人もいるでしょう。魔術の効果が現れる前に、儀式を行ったことを親しい友人に話しても、べつだん悪い影響はないかもしれません。それでも、すぐに、秘密にすべきだっただろうかという思いが、胸をよぎるはずです。

　「ちょっといいですか？」と尋ねる人がいるかもしれません。「とにかく、あの本に、人に話すとまじないが効かなくなると書いてあったのです。知り合いのウイッカンはしょっちゅう儀式をしていますが、効果が出たあとでしか話してくれません。それに、魔術の儀式のことは、絶対に口外しないというウイッカが大勢いますよ」。

　こういうことを耳にすると、たちまちソロのウイッカンの胸に、やっぱり話してはいけないのだろうかという思いが広がります。そして、そのうち、たとえ同じウイッカンに対してさえ、魔術について話さなくなります。このようにして、秘密にすべきという考えがまた伝わっていくのです。

　これは残念なことであるとともに、意味のないことです。真の魔術は何ものにも制約を受けません。儀式について人に話したからといって、

エネルギーが弱まったりはしません。それどころか、人に話すことで、魔術の対象に向けて、さらに多くのパワーをもう一度送る機会が得られるのです。

　打ち明けた相手が魔術を信じていないと悪影響を及ぼすということも、魔術を秘密にすることの十分な理由にはなりません。相手が魔術に不信感をもっていても影響はありません。それは、無教育な人が、電卓で「２足す２は４」という計算ができることを疑うのと同じことだからです。電卓は、見ている人が疑っていようといまいと正しく計算します。魔術も同じです。正しく行いさえすれば、魔術は効果をもたらします。体の中でエネルギーを高め、意図をもって計画し、成功した状態を視覚化して、対象へ向けて適切な力でエネルギーを投げかければ、魔術は効果を発揮するのです。

　効果は一朝一夕には現れないかもしれません。何度も魔術の儀式を繰り返す必要があるでしょう。それでも、ウイッカンがこのプロセスの使い方を知っていれば、たいてい効果は現れます。

　魔術の儀式を秘密にすると、効果がいちじるしく制限され、実際のところ、効果は減少してしまいます。これは少々とっぴな発言ですので、説明したほうがいいですね。魔術の儀式を効果的に行うためには、秘密にしなければならないと本気で思う人は、魔術の効果には限界があると認めているのです。どんな形であれ、魔術に限界があることを受け入れると、エネルギーを高めたり、送ったりするウイッカンの能力が弱まります。なぜなら魔術は、まともな経験を積んだ人が的確に行うなら、実に素晴らしい、好ましい変化を起こせるものなのに、ウイッカンの心の中に、魔術は全能の力ではないのではないかという疑いが生じるからです。

　儀式的な魔術にしろ、民間魔術にしろ、制約（「秘密にすべき」もこれに当たります）を受け入れると、魔術の効果は弱まります。１つ制約を受け入れたら、本で読んだり、人から聞いたりしたそれ以外の制約も

受け入れてしまいます（例えば、「下弦の月の夜にはポジティブな儀式はできない」というものがあります。そうなると、どんな儀式をするにしろ、その前に月相を確認しなければならなくなります。タイミングを間違ったら、儀式の効果は現れないのですから。また、民間魔術のまじないに、ありとあらゆる効力の要素を詰めこまなくてはならなくなります。1つの要素を言い換えただけでも、まじないは無効になってしまうからです。他にもいろいろありますが、すべてばかげたことです）。

3つ目の、命を守るためには秘密にしなければならないという理由は、魔術を秘密にすべき理由として今もしばしば挙げられますが、草創期から伝えられてきた、少なくとも由緒正しいものではあります。幸いなことに、今の時代、魔術の儀式について親しい友人に話しても、絞首刑にはなりません。また、最後に挙げた、秘密にすることで魔術の神秘性が増すという理由は、魔術の経験が浅い人には必要なものかもしれません。でも、すぐにこうした条件付けは必要なくなるでしょう。

ということで、魔術を秘密にする必要はありません。秘密にしたからといって、魔術の成功が保証されるわけではありませんし、どちらかといえば、魔術を阻害すると言ったほうがいいくらいです。とはいえ、「私は昨夜お金持ちになる儀式を行いました！」と書いた緑色のバッジを身につけて歩きまわれと言っているわけではありません。また、かなり個人的な問題について魔術を行う場合でも、誰かとそのことについて話し合ったほうがいいと勧めているわけでもありません。

自分の魔術に関して沈黙を守るのは、モチベーションが下がらないのであれば、まったく問題ありません。自分の魔術について人と話し合いたくないなら、話さないほうがいいです。ウイッカンの中に話すべきではないと言う人がいるからではなく、あなたが話したくないのなら、話すべきではないのです。

魔術を秘密にすることに関しては、いろいろ迷信がありますが、ソロのウイッカンの生活に、迷信が入りこむ余地はありません。

3 体調がよくないときでも、魔術は行うべき?
Should I Do It While I'm Sick?

　病気でも、ウイッカの儀式を行ったほうがいいのかというのは重要な疑問ですが、ウイッカの本にはほとんど取り上げられていません。なぜでしょう？　このような情報は、一般に、ハイ・プリースティスやハイ・プリーストといった、熟練したウイッカンから提供されるものだからです。この種の質問は、弟子が風邪を引いたり、強い処方薬を飲んだりすることになって、初めて表に出てきます。このテーマはとても重要なので、本書でも1章をさいて説明したいと思います。

　修業を始めたばかりのソロのウイッカンは、病気だけでなく、どんな理由であれ儀式を取りやめるのを嫌がる傾向があります。カヴンのメンバーでも、同じように感じる人が多いようです。はたして、これは賢明なことでしょうか？

　病気の多くは、人間の内面に大きな変化を起こします。こうした変化の中には、身体的なものもあれば、心理的なもの、感情的なもの、精神的なもの、あるいは霊的なものもあります。こうした一時的な変化は、ウイッカの儀式を行う上で、プラスに働くでしょうか、それとも、マイナスに働くでしょうか？

　このような質問に対しては、病気とその影響を調べれば、ある程度は答えられるでしょう。しかし、本章で提供する情報は、どれも宗教としてのウイッカの儀式に関するもので、あくまでも一般論にすぎません。

だから、自分のことは、自分で判断するしかないのです。自分の体に注意を払いましょう。どうするのが一番よいかは、あなたの体が知っています。困難な病気や状況に直面しているときに、無理をしてウイッカの儀式を行うのは危険です（病気のときに魔術を行うことに関する情報は、本章の最後を参照のこと）。

病気とウイッカの宗教的儀式

身体的変化

　病気の身体的側面は、一般に最もわかりやすいので、このテーマから始めましょう。病気の中には、いちじるしいエネルギーの欠如を引き起こすものがあります。部屋を歩いて横切るのも困難になり、ましてや魔法円を描くことなど、とてもできません。こんな場合は、あまり身体を動かさなくてもいい活動を、迷わずお勧めします。

　脚、腕、手など、四肢を骨折してギブスをはめている状態では、祭壇を作ったり、「影の書」を手にもったりするのが難しくなるでしょう。少なくとも、そうしたからといって、さらに健康を危険にさらすことにはならないでしょうが、魔法円の中での動きは制限されます。だから、儀式の指示に何から何まで従うのは避けましょう。そのときの体調を考慮しながら、柔軟に対応していきましょう。

　医療関係者からベッドでの安静を命じられたら、あるいは、横になっているように言われたら、その指示に従いましょう。儀式を行うなら、言葉を唱えたり、心の中で祈ったりするだけにしておき、体の回復を待ちましょう。

心理的変化

　さまざまな種類の病気（風邪も含め）を患っている間は、しばしば意識に目立った変化が現れます。軽いめまい、副鼻腔の圧迫感、体温の上昇、

痛みなどの症状があると、症状を和らげるための薬を服用していない人でさえ、意識に顕著な変化が起こります。このように意識が変化すると、そのウイッカンのあらゆることに対する感じ方も大きく変化し、そうなると儀式がうまく行えなくなる場合があります。

　もしふらついて集中できないような状態なら、魔術用のナイフ、炎、インセンスなど、危険をおよぼす可能性があるツールを使うのはやめておきましょう。もし「頭がぼーっと」（例えば、何かにうっとりしたり、眠りこんだり、自分が何をしているのかすっかり忘れてしまったり）する傾向があるなら、楽な姿勢で座るか横になるかして、動作を簡略なものにしましょう。女神と男神に小さな声で祈りを捧げるか、イメージを思い浮かべながら瞑想するか、あるいはシンボルを描いてそれをじっと見つめるといいでしょう。

　集中力が続かなくて、儀式を最後までやり通せなくてもかまいません。一度中断してしばらく儀式から離れ、回復してから再開すればいいのです。

感情的・精神的変化

　ほとんどの人は、病気のときはよい気分ではいられません。このことを率直に認めましょう。不機嫌になったり、怒りっぽくなったり、人と一緒にいるのが耐えられなくなったり、落ちこんだり、心配ばかりしたり、ストレスを抱えたりします。感情にこのような変化が起こると、私たちは往々にして、「どうして儀式をやらなくてはいけないんだろう？　こんなに気分が悪いと、きっと失敗するわ」などと考えてしまいます。単にやる気が起きない場合もあります。これはきわめて自然なことなので、儀式をやる気になれないときは、やめておきましょう。点数をつける人はいないのですから。

　一方、それほど体調が悪くなければ、儀式行うことで気分がよくなる場合もあります。効果的なウイッカの儀式（具合の悪いときはやり通す

のが難しいかもしれません）を行うと、精神的に高揚するので、気分がよくなるのです。

最後に、女神と男神に祈りを捧げるだけでも気持ちが和らぎますし、少なくとも病気以外のことに気持ちを集中できます。

霊的変化

病気は霊的な気づきに大きく作用します。儀式を行うときは、とくに重要とは思えないかもしれませんが、霊的な心の領域にアクセスする能力は、儀式を効果的に行うために必要なものなのです。この２つの精神的領域（意識的領域と霊的領域）とのつながりのない儀式は、しばしば中身のない、機械的なものになります。

身体的、精神的、感情的にはウイッカの儀式を行うことができても、霊的な領域が閉ざされているようなら、おそらく儀式は行わないほうがいいでしょう。

市販薬と処方薬

薬に対する反応は、病気のときに儀式を行うべきかどうかの、最も重要な判断要因になります。現在では膨大な数の薬が出回っており、その多様な効果を、一般論として述べることはもはや不可能です。

薬の多くは意識に影響を与えることもなければ、感情を変化させたり、生理的作用をもたらしたりもしません。ましてや霊的な精神領域に影響することなどはありえません。しかし、処方薬や店頭で薬剤師から購入する薬の中には、こうした変化を起こすものもあります。当然、催眠剤も含まれます。もし不快な副作用に悩まされているなら、その影響がおさまるまで儀式は控えましょう。

あなたは判断力と常識を働かせて、病気や処方薬がウイッカの儀式の妨げになるどうかを判断しなければなりません。医療関係者からベッドで安静にしているように言われたのなら、安静にして、魔法円のことは

忘れましょう。わき腹などが痛むときは、どんなに踊りたくても、祭壇の前で我を忘れて女神に捧げるダンスを踊るのはやめておきましょう。肺疾患に苦しんでいるときは、インセンスに火をつけてはいけません。アルコールの摂取を禁じる薬を服用しているときは、儀式のあとでワインを飲んではいけません。ソロのウイッカンはいつ儀式を行ってもよいのですから、必要なら儀式を延期、または取りやめにすればいいのです。病気は、儀式を取りやめにする正当な理由になります。

　病気で寝こんでいるとき、インボルク〔訳注：4大サバトの1つで「光の祝祭」。イモルグともいう。詳しくは第16章を参照のこと〕の日にキャンドルをもって魔法円のまわりを回れないなら、自分は真のウイッカンではないなどと考えてはいけません。病気、衰弱、あるいは処方薬の影響のために儀式ができないからといって、ウイッカンとして劣っていることにはなりません。実際、儀式を取りやめるという決断を下したことで、あなたの聡明さが証明され、ウイッカンとしての経験も豊かなものになります。儀式を行ったとしても、おそらくエネルギーに欠け、女神や男神と真のコンタクトが取れないものになったでしょう。あなたはそんな儀式を回避する選択をしたのです。もしそれでダメなウイッカンになるというなら、私は儀式用の大釜（カルドロン）を食べてみせましょう。

魔術と病気

　病気中に魔術を行うのは、前向きな行動である場合もあれば、そうでない場合もあります。自己治癒のまじないを唱えるタイミングとしてはいいですが、それ以外の理由でまじないを唱えるのは、それがどんなに重要なものでも、先に延ばすべきです。元気になるまで待てば、魔術の儀式に神経を集中できるだけでなく、はるかに大きなエネルギーを呼び起こすことができます。

　病気の間は、体内にためてあるエネルギー（パーソナルパワー）の量が減ってしまいます。生み出せるエネルギーの量はいつもより少なくな

るのに、自己ヒーリングのために、いつもより多くのエネルギーを使うからです。魔術を含め、身体的な作業に使えるエネルギーが少なくなります。重い病気のときは、体内のエネルギー量が少なくなるので、魔術を行うのはとても危険です。あなたを癒すために使えるはずのエネルギーを魔術に使ってしまうので、病気が長引いたり、ケガが治るのに時間がかかったりします。

　自分のエネルギーを、喜んで人の問題を解決するために使うのは立派な行いですが、別の機会にとっておきましょう。病気になったら、自分のことだけを考えなさい。すぐにまた元気になって、人の面倒をみられるようになるのですから。

　結論：病気中は、自己ヒーリング以外の魔術を行ってはいけません。

4 Magical Names マジカルネーム

　多くのウイッカの書物が、ウイッカンとしての名前（マジカルネーム）について論じています。入会の際のイニシエーションの儀式の一部として、しばしばマジカルネームの授与式が行われます。それ以後、新米のウイッカンは、サークル内ではもっぱらその名前で呼ばれます。

　マジカルネームをつけることは、ウイッカンの間ではきわめて一般的です。実際、2つも3つもマジカルネームをもっている人もたくさんいます。公的なクラフトネーム（ウイッカの集会や文章を書くときなどに使用）、秘密の名前（イニシエーションで授けられた名前）の他に、第3の名前があります。これは女神や男神に呼びかけるときに使うもので、女神と男神、ウイッカン本人しか知りません。2つ以上のグループに属しているウイッカンは、それぞれ別の名前を使うことがあります。多くのウイッカンにとって、新しい名前をつけることは、ウイッカへの忠誠を対外的に表明することなのです。これは、この宗教のメンバーとして新たに生を受けるプロセスの一部と見なされます。

　歴史を通して、名前は、魔術にとって重要なものと考えられてきました。古代シュメール、バビロン、アッシリアでは、病人から悪霊を追い払うには、まず悪霊の名前を知る必要がありました。ハワイでは、子供がまだ幼く、弱い時期に悪魔の性的虐待から守るために、赤ん坊にはみっともない名前をつけました。そして、もう邪悪な霊の影響を受ける心配

がない一定の年齢に達すると、その子にふさわしい名前が与えられました。また、母親が子供に秘密の名前をつける文化もあります。この母親しか知らない「本当の名前」が、子供を守るのです。誰もが知っている名前には、パワーは宿りません。米国では、名前のパワーを知るのに数秘術が使われ、出世するために名前を変える人もたくさんいます。

このように、名前は重要なものであり、多くのウイッカンがクラフトネームを使うのもうなずけます。前著『魔女の教科書』ではこのテーマについて論じませんでしたが、ここでは少しお話ししておきましょう。

ずばりお尋ねします。ウイッカンとしての名前を使うことは、あなたにとって必要でしょうか？ できるだけウイッカの伝統的なやり方に合わせていこうと思うなら、答えはイエスです。しかし、こうした制約から自由な立場でいたいと思うなら、とくに名前をつける必要はありません。ここでも、決断を下すのはあなた自身です。

クラフトネームを使うおもな理由は、前にも述べたように、それがウイッカンとしてのあなたを表すからです。この名前を使うと、他の名前では得られないパワーと神秘性を感じるという人もいます。私たちはきわめて世俗的な世界で生きているので、自分の中の魔術的な側面に「切り替える」のは本当に難しいことです。だから、マジカルネームを使うことによって意識が切り替わり、儀式に対する心構えができるのかもしれません。

まったく異なるアプローチをする人もいます。ウイッカンとしての名前を合法的に使用するのです。つまり、サリー・トンプソンがアンバーに、フランク・ジョーンズがグレイウォルフになります。運転免許証や賃貸借契約といった公文書にもこの名前を使います。この法的手段は、あなたが宗教について完全にオープンにしているのでない限り、お勧めできません。このような名前を使うと、当然のことながら本人に注目が集まるからです。多くの人は、純粋に精神的な理由で、古い名前を消し去るために新しい名前を使うことを選択したと言いますが、ほとんどの人は、

自分の宗教に関して、公式に表明しています。しかし、誰もがこのステップを踏む心の準備ができているわけではありません。

あなたはどうやってマジカルネームを決めますか？

マジカルネームを決めるのには、さまざまな方法があります。女神や男神に敬意を表して、その名前を使う人もいれば、家族の文化史を調べて、関連のある民話から名前をとる人もいます。例えば、イギリス人の家系なら、イギリスの民話の中から学ぶこともあります。現代のアメリカ人のウイッカンの中には、「ハウリング・ウルフ（遠吠えするオオカミ）」や「スウィーピング・イーグル（天翔ける鷲）」のように、名前の中に動物の名前を入れる人が多いです。花や植物の名前（ローズ、オーク・キーパー、グローブ（木立）、ファー（樅）、アッシュ（セイヨウトリネコ）など）も使えます。また、自分で名前を作るのもいいですね。マジカルネームの多くは、2つの単語を組み合わせて作ります。このような名前は、かなり描写的なものになることが多いです。

有名なマジカルネームには、本の著者名として出ているものもあります。ジェラルド・ガードナー（ウイッカを今日知られているような宗教に作り上げた、事実上の創始者）は、公用にサイルという名前を使っていました。ドリーン・バリエンテのマジカルネームの1つは、アメスでした。ある有名なハイ・プリーストは、公的なクラフトネームとしてフェニックスを使いました。人気のある名前には、他にもモーガン、モルガナ、モーグレイン、ルグ、アーサー（ケルト神話に関連）や、アリアドネ、ダイアナ、ヘルメス、ポセイドン、カサンドラ、トリトン（ギリシャ・ローマ神話に関連）、そしてセルケット、マアト、オシリスといったエジプト系の名前があります（よく使われるのは、アンバー、フェニックス、メーリンです。ペイガンの集会でこれらの名前を呼ぶと、たくさんの人が振り返ります）。

というわけで、選択の幅はきわめて広いです。儀式ではこの名前を使うと決めたら、いつもそれを使いましょう。祈るときも、儀式でもその

名前を使うのです。ルーン文字でも、英語でもかまいませんから、道具にその名前を書きましょう。何か命名の儀式を行いたいと思う人もいるでしょう。その儀式では、魔法円を描き、女神と男神に臨席を乞う祈祷をし、新しい名前を認識してくださいとお願いしましょう。

　クラフトネームを使ったとしても、何らかのパワーが増すわけではありませんが、これは伝統的なやり方であり、多くのウイッカンがそれを楽しんでいます。

5 Self-Initiation
セルフ・イニシエーション

　前著で最も物議をかもしたのは、何といってもイニシエーションに関する章でした。ウイッカンのレビュアーの多くは、その章に書いた、あるシンプルな考えに不満をもったようです。それは、イニシエーションのプロセスは、必ずしも自分以外の人に行ってもらう必要はないというものです。私が、イニシエーションは何が何でも避けるべきプロセスだと言っていると誤解した人さえいました。どう考えれば、こんな結論が出るのでしょうか（当然のことながら、このようなコメントを書いたのは、イニシエーションを受けたカヴンのメンバーでした）。この著者はイニシエーションを受けていないのだろう、だからこのテーマに関してこんな「誤った」見解をもつのだと考えたレビュアーもいたようです。
　イニシエーションにはさまざまな種類があります。魔法円の中で他のメンバーと一緒に行うものもあれば、1人で行うものもあります。形式的なことは行わなくても、ウイッカン志願者の生活に、自然と変化が起こる場合もあります。カヴンへの(つまりウイッカへの)イニシエーションは、儀式を執り行う人と志願者が完全に調和し、両人が納得できるウイッカのシステムや伝統の中で行われない限り、有効なものにはなりません。間違った理由（エゴイズム、相手に対する権力意識など）のために、ふさわしくない人あるいはカヴンによって行われるくらいなら、イニシエーションなどやらないほうがましです。儀式そのものより、志願者に

与える影響や、イニシエーションを行う際の精神のほうが大切なのです。

　ウイッカを実践していくのに、形としてのイニシエーションは必要ありませんが、クラフトへの忠誠を儀式で宣言することは必要です。新入会員は、自分はこの日からウイッカンになったと、はっきり言えるようになります。正式に仲間に入った日が明確になるからです。このことを重要だと感じる人もいれば、ほとんど、あるいはまったく重要だと感じない人もいます。

　あなたにはセルフ・イニシエーションを行う権利があります。何人もこの権利を奪うことはできません。それまでにウイッカの儀式を行い、女神や男神と出会い、ウイッカの信仰を抵抗なく受け入れ、これこそ自分の進むべき道だと決意したのなら、この女神の恵み多き青い地球に、セルフ・イニシエーションを行うべきでない理由などありません。本で読んだセルフ・イニシエーションを行いたい、集団で行うイニシエーションをアレンジしたい、あるいは自分なりの儀式を作りたいと思うことでしょう（前著『魔女の教科書』の第2部第4章に書いたのは、自己献身の儀式であって、セルフ・イニシエーションではありません。ですが、イニシエーションの儀式に組み入れてもかまいません）。

　セルフ・イニシエーションを行う前に、ウイッカに入会するのにふさわしい経験を積んできたかどうか考えましょう。セルフ・イニシエーションの前に儀式を行った経験があることは欠かせません（本を読んだだけでは経験とは見なされません）。そうですね、1年ばかり学習と儀式の経験を積んだ上でセルフ・イニシエーションの儀式を行えば、実り多い、精神的に意義深いものになるでしょう。なぜなら、それまでに積んだ経験によって、儀式が真正のものになるからです。詰まるところ、一晩でウイッカンにはなれない（たとえソロであっても）ということです。

　この自己研さんと経験を積む期間はとても重要です。そう、この期間に、ツールの使い方、サバトの意味、魔法円の描き方を学ぶだけではなく、女神と男神に出会うことにもなるでしょう。女神と男神に同調し、彼ら

との関係を築くことがウイッカの核心であり、それには時間と献身が必要です。

不服そうな声が聞こえてきます。

「それはそうでしょう。でも、イニシエーションの最中に、イニシエーターは志願者にパワーを授けますよ」。**セルフ・イニシエーションの最中には、女神と男神が志願者にパワーを授けます。**

「でも、カヴンはそのようなイニシエーションを認めません」。**ソロのウイッカンはカヴンには所属しません。**

「真のイニシエーションは、志願者の意識を変えるように考案されています」。**それは適切に考案されたものなら、セルフ・イニシエーションでも同じです。**

「真のイニシエーションは、以前の（ウイッカンでなかった）自己の死と、ウイッカンとしての再生を象徴します」。**それは、セルフ・イニシエーションにも組み入れることができます。**

セルフ・イニシエーションの大部分は、あなたが作るものですが、最高に満足できる結果を得るためには、儀式に次のようなステップを含めるべきです（以下に述べるステップは最小限のものです。キャンドルや炭に火をともすといったことは省略しました）。

- 何らかの浄化を行います（シャワーや入浴でかまいません）。

- 祭壇を設置します（あなたがいつも使っているツールを使えばいいです）。

- 魔法円を描きます（絶対に必要ではありませんが、これによって雰囲気を高めることができます。イニシエーションまでに慣れていればベストです。楽な気持ちで描けるなら魔法円を使えばいいし、そうでないなら使うのはやめましょう）。

- 女神と男神に開会の祈祷をします（祈りの言葉は、あなたが毎日ウイッカの儀式を行うときに使っているものを使ってもいいですし、この儀式のために特別なものを考えてもかまいません）。

- 以前の、ウイッカでなかった自己の象徴的な死を表現します（柔軟に考えましょう。体を黒い布で覆うのもいいし、祭壇の前に座っている間は目隠しする――歩いているときははずしましょう――のもいいでしょう。哀歌を歌うのもいいですね。この瞬間にふさわしい祈りの言葉を考えましょう。適切な時間、黙考したあと、喜びの声をあげ、布や目隠しなどを投げ捨てます）。

- あらためて女神と男神に身を捧げ、祈ります。今や自分はウイッカンであると宣言しましょう。マジカルネーム（第4章参照）を決めているなら、声に出して言いましょう。「私、ディオネは、今やウイッカンになりました」というのは、女神と男神に身を捧げる祈りに含めるのにふさわしい言葉です。

- 魔法円の中で、数分間リラックスします。キャンドルの炎を見つめましょう。魔法円の中にケーキとワインをもち込んでいるなら、女神と男神に捧げ、彼らへの愛の証しとして分け合って食べましょう。聖なる食事を終えたら、女神と男神に臨席を感謝し、魔法円を閉じます。

トラディショナルなウイッカンは、このセルフ・イニシエーションのやり方に異論を唱えるかもしれませんが、これは効果的な方法です。1つのパターンとして提示しますので、これをもとに自分のやり方を考案すればいいと思います。

　すべての生命、健康、食べ物、大地、星々、太陽、月、宇宙の源であ

る女神と男神は、イニシエーションの真の源でもあるのです。

　セルフ・イニシエーションは重要な儀式であり、軽々しく行うべきものではありません。ウイッカンは精神的にも身体的にも、この儀式を執り行う準備ができていないといけません。結局のところ、セルフ・イニシエーションを行ったら、あなたはもはやただの実習生ではありません。すでに立派なウイッカンなのです。物質的なものに基盤を置く世界のベールを脱ぎ捨てる決意をした、数少ない人間の１人なのです。大地に敬意を表す人、インセンスの煙に包まれたキャンドルのそばで聖なる盃（チャリス）にワインを注ぐ人、瞑想の中で女神や男神と言葉を交わす人、望ましい変化のツールとして楽しく魔術を使う人なのです。

　セルフ・イニシエーションは、ふさわしい時期に、ふさわしい精神状態で、前向きな理由のために行うのなら、ウイッカへの献身を誓う素晴らしいアファメーションになります。まだ儀式に参加したことがなくても、ふさわしい時期かどうかは自分でわかるはずです。

　セルフ・イニシエーションは、まさに新しい人生の門出となるでしょう。

6 The Wiccan Mysteries
ウイッカの神秘

　私の著書も含め、ウイッカに関する書物なのに「ウイッカの神秘」に触れていないと、読者やレビュアーから不満の声があがります。こうしたコメントはまったく正しいと思います。ウイッカについて書かれた本の大部分は、実践法を概説したものか、初心者向けの指南書です。ウイッカンの著者は往々にして、魔法円の描き方、ツールの適切な使い方、神の概念、集団力学(グループダイナミクス)について説明することに没頭してしまいます。このような本には、神秘について書く余地はほとんど残っていません。

　しかしながら、理由はもう1つあります。そもそも神秘とは、言葉では表現しがたいもので、実際のところ、人から教えてもらえるものではなく、自分で体験するしかないのです。私たちが存在している現実とは別の次元に顕現するものもあります。多くは感情的、心理的、精神的に重大な影響を与えます。1人のウイッカンと女神との間にだけ起こるものもあれば、魔法円の中にいる複数のウイッカンに起こるものもあります。

　私が使う用語を定義しておいたほうがよさそうですね。まず、私が本書で「ウイッカの神秘」という言葉を使う場合、それがどんなに効果的で、部外者に教えないものであっても、秘密の儀式、祈り、魔術のテクニックのことを言っているのではありません。そうではなく、女神と男神から与えられた、この上なく素晴らしい、驚くべき精神的体験や顕現

のことを言っているのです。ウイッカの神秘は、部外者に知らされることはありません。サバトやエスバットで祝福はしますが、ただ象徴的な形で祝うだけです。

この時点では、何のことかわからなくてもいいのです。結局のところ、ウイッカの神秘とはそういうものであり、このテーマについて書いたり議論したりすることは、簡単ではないのです。

多くのソロのウイッカンが抱く不満の1つは、儀式を行っても深く没入できず、スピリチュアル的にたいして意味がないように思える、というものです。この問題にはさまざまな原因が考えられますが、ウイッカの神秘に対する知識が欠けているからではないでしょうか。儀式の間に内面で神秘を自覚すると、儀式の内容はぐんと深まります。

なぜでしょう？　前にも述べたように、ウイッカの儀式の大部分は、ある意味ウイッカの神秘を祝福するものだからです。では、神秘とはどういうものか、あなたがヒントをつかめるように説明してみましょう。そもそも、サバトとは何でしょう？　表向きの主要な概念は、季節の祝福です。季節に目を向けるようになると、ウイッカの神秘らしきものが多数見つかることでしょう。神秘とは、あらゆる意味において象徴的であるとともに、きわめて現実的なものなのです。

ほとんどのウイッカの神秘は、女神と男神に関連するもので、聖なるできごととされてきました。それ以外の神秘は、より大地に根ざしたものですが、女神は大地なので、やはり女神とつながっています。

あなただって、このような神秘を発見できます。蓄積されたウイッカの伝承と神秘は、すべてある時点で発見されたものです。あなたもきっとこのプロセスを受け継ぎ、ウイッカとしての修業に具体性と深みを加えることができるでしょう。

儀式としての瞑想を行っている最中に、ウイッカの神秘を発見するかもしれません。散歩中に気づいたり、眠っている間に心に浮かんだりすることもあれば、女神と男神に熱心に祈りを捧げると、それに応えるよ

うに返ってくることもあります。このような深淵な神秘は、真にウイッカに傾倒している人だけにしか明かされないのがふつうです。それ以外の人に教える必要があるでしょうか？　それに対して、ウイッカの神秘の中には、身近なところで頻繁に起こるものもあります。女神や男神の御業(みわざ)を目にする瞬間です。しかし、このようなプロセスがウイッカの神秘になるのは、私たちが人間としてあらゆるレベルにおいて、完全に神秘だと認識できたときだけです。

　わかりにくいようなら、例を挙げてみましょう。熟したリンゴは地面に落ち、やがて腐ります。吹き寄せられた土が落ちた果物の上に積もり、雨が降り、太陽が地面を熱します。すると、リンゴの種から芽が出て、懸命に上へ伸びようとします。数年たてば、以前リンゴが落ちた場所に新しいリンゴの木が立っています。そして、また熟したリンゴが地面に落ちます。このプロセスがどうしてウイッカの神秘なのでしょう？

- このような（落ちては芽を吹き、死んでは再生する）プロセスは、肥沃、生命、死の唯一の源である女神と男神によって司(つかさど)られ、創造されます。

- このような自然のプロセスは、リンゴだけのものではありません。こうしたサイクルは、世界中のあらゆる場所で目にすることができます。

- リンゴが落ち、やがて芽を出すのを見て、ウイッカンは神秘のプロセスを認識します。毎日少なくとも数分間、このサイクルに集中し、ウイッカンは女神と男神のプロセスに意識を同調させます。そして、このプロセスの意味を心に刻んで、さらに瞑想を深めるのです。

- こうして意識を同調させると、世の中においても自分の内面におい

ても、女神と男神への新しい認識が生まれます。認識が広がるにつれて、女神や男神とのスピリチュアルな結びつきが深まります。また、ウイッカンの修業において、リンゴは教訓の与え手として、生命、死、再生という人類の眉をしかめさせてきた３大神秘を象徴する、強力で重要なツールになるでしょう。

- 最後に、このリンゴの旅は、女神へつながる銀の道と、男神へつながる金の道を瞬時に明らかにし、ウイッカンの心にスピリチュアルな記憶として強烈に残るでしょう。このウイッカンの心の中で、リンゴは単なる果物の記憶、単なるシンボル以上のものになります。女神・男神と私たちを直接結びつけるもの、形のないものを思い起こさせる形あるもの、２つの世界の間に存在するだけでなく、架け橋の役割を果たすシンボルとなるのです。そして、リンゴは、このウイッカンの神秘において、ケルト神話の再生の大釜（カルドロン）、女神の子宮、誕生と再生のシンボル、黄泉の国と天上世界を象徴するもの、あるいは大地そのものとなります。そして、その大地の上では、さらなる多くの神秘が発見されるのを待っているのです。

　ウイッカの神秘の秘密とは、そこには何の秘密もないということです。ただあなたの認識を変え、焦点をはっきり合わせるだけでいいのです。物質世界を超えたところに目を向ければ、永遠のプロセスが働いているのが見え、その中にウイッカの神秘が見つかります。あるいは、ウイッカの最も霊妙な側面――すなわち女神と男神――に対する理解を深めることだけを願って、時間をかけて儀式としての瞑想を行うといいでしょう。
　神秘が見つかったなら、光と愛で魔法円を作って歌やダンスで祝い、その神秘を何度も追体験しましょう。このような体験で認識したことを組み入れるために儀式を拡大したり、その体験に敬意を表すために、特

別な儀式を行ったりしましょう。

　ここで重要なのは、真のウイッカの神秘は、「影の書」や、昔の秘密や、他人の言葉の中には見つからないということです。神秘は私たちと女神・男神との関係の中、そして、そのエネルギーの具現である自然への理解の中にしか見つかりません。

　もっとヒントが欲しいですか？

　何かが生まれるところを見なさい。

　太陽が氷を溶かすのを見なさい。

　春に木々が葉を広げるのを見なさい。

　海を見なさい。

　空高く雲が流れるのを見なさい。

　雨粒が水たまりにパシャパシャと落ちるのを見なさい。

　稲妻が光り、夜空に火花が散るのを見なさい。

　聖なる焚き火から煙が立ちのぼるのを見なさい。

　日食を見なさい。

　ネコが裏庭で獲物を追いかけるのを見なさい。

　赤ちゃんがまっさらな目でこの世界を見つめ直すのを見なさい。

　これらを、ただ見るだけではなく、体験するのです。感じるのです。そうすれば、ウイッカの神秘を引き寄せはじめます。世界にかぶせたベールがほんの一瞬めくれて、女神の顔を垣間見る、めったにない機会が訪れるでしょう……。

　そうして、ウイッカの神秘はあなたのものになるのです。

7 *Everyday Wicca*
ウイッカの日課

　前に述べましたが、宗教は、理想論ですが、人生のあらゆる面に浸透しています。キャンドルに火をともしたり、魔法円を描いたりしているときだけでなく、つねにウイッカンらしく生活しましょう。毎日の生活そのものが、女神と男神へ捧げる儀式だと言えるかもしれません。しかし、多くの人にとって、日常生活にスピリチュアルな本質を見出すことはなかなか難しく、社会が仕掛けるわなや娯楽のまやかしに心を奪われてしまいます。同様に、家庭生活、仕事、請求書といった世俗的なものごとに押しつぶされ、ついには、はたして本当にスピリチュアルな体験などあっただろうかと疑問を抱くようになります。

　儀式の回数を増やしても、解決にはなりません。単なる物質的な力や対象から、すべてのものに本質的に備わっているスピリチュアルな性質へと、焦点を微妙に移動させてみましょう。お皿を洗っていると、水の元素のパワーを探求できます。働いていると、人々のエネルギーを感じられます。庭掃除は、季節について重要な教訓を与えてくれます。学校に行くことも、意識を活用する（願わくば、拡大する）練習になりますし、こうしたレッスンをスピリチュアルな観点で捉えることは、貴重な学びの機会になります。

　実際、他の宗教でも同じでしょうが、ウイッカの観点をもつことで、つらい思いをすることもあります。しかし、ウイッカの観点を平安の源

として活用できるようになるためには、まず、ウイッカとは儀式や祈り、魔術を行うだけのものではないことを認識しなくてはなりません。ウイッカは宗教であると同時に、生き方でもあるのです。ウイッカの原則を世間のできごとに当てはめてみましょう。これは、ウイッカを日常生活に取り入れる最も簡単な方法です。以下に挙げる意見は、提案にすぎません。あなたなりに解釈してください。

何人も害するなかれ。誰かが道で割りこんできて、「あなたの」駐車スペースを横取りしてしまい、失礼なやつだと思ったとき、あるいは、恋人、家族、隣人、友人、同僚とのさまざまなトラブルに直面したとき、この言葉を思い出してください。このおきてを思い出すことで、怒り、嫉妬、憎しみを超越し、こうした破壊的な感情を肯定的なエネルギーに変えることができるでしょう。また、ストレスが軽減して、自分をいつくしむ機会にもなります（これが決して容易でないことは、私が一番よくわかっています）。

生まれ変わりは、人生を生きるチャンスは１度きりではないことを教えてくれます。この概念は、問題解決の方法としての、あるいは安易な逃げ道としての自殺を否定します。なぜなら、遅かれ早かれ私たちはこの世に戻ってきて、この人生で立ち向かうには難しすぎると思った同じ問題に、また直面することになるからです。さらに、人間は生まれ変わると考えると、服喪の期間を心穏やかに乗りこえることができます。また、死の恐怖からも解放されます。

カルマ。この概念は、正しい行いは肯定的なエネルギーとなって、間違った行いは否定的なエネルギーとなって、自分に返ってくるというものです。これは「何人も害するなかれ」と同類の概念で、良い行いをしなさいと教えるものです。さらに、スピリチュアルな行いは、それ自体どれほど望ましい（肯定的な、有益な）行いであるかがわかります。

ウイッカンの中には、「３倍返しの法」と呼ばれる、少し趣の異なる概念を伝える人がいます。これは、私たちの行いはすべて、３倍の強さ

で自分に返ってくるというものです。つまり、誰かにほんの少し優しくしたら、他の人からの大きな思いやりとなって返ってくるというものです。ただし、ちょっとした報復行為をしただけで、大きな損害をこうむることにもなります。3倍返しの法は、カルマを別の角度から解釈したものです。

魔術は、私たちが本当に、自分の人生をコントロールできることを教えてくれます。自分の人生を好きになれないなら、ポジティブな儀式によって変えることができます。また一方で、魔術は私たちに忍耐を教えます。大鍋を火にかけても、すぐには煮え立ちません。魔術の効果もすぐには現れません。それでも、日常生活の中で、ちょっとした魔法が働いているのを見つけると、勇気づけられますね。

考えることによって、思考は「もの」だとわかります。つまり、思考はエネルギーを生み出し、解放します。これを意図して繰り返すなら、強力なエネルギーの源になるということです。ですから、ネガティブな思考を控えたなら、人生を向上させることができるのです。ネガティブな思考を認めるのを拒否し、ネガティブな考え（「お金がない」）からポジティブな考え（「十分な食べ物が得られた」）に焦点を移すだけで、劇的な効果が生まれます。こうして、ポジティブに考えれば、誰も害することなく自分の人生を向上させることができるのですから、私たちの思考も、精神性の表れと言えるのかもしれません。

アース・スチュワードシップ（地球へのいたわり）も、ウイッカの最も重要な概念です。ごみ箱をあふれさせたり、木を切り倒したりすることに、取り立ててスピリチュアルな意味はありませんが、この2つの行為は、ウイッカの原則に反します。一方、瓶を洗って再利用したり、紙、アルミ缶、プラスチック、ガラスをリサイクルしたりすることは、地球へのいたわりなので、スピリチュアルな行為なのです。同様に、木を植えること、庭を手入れすること、人に植物をプレゼントすること、農薬の使用を拒否すること、環境保護団体に寄付したり、絶滅の危機にある

動物とその環境（森や湿地帯などの環境保護指定区域）の保護を訴える手紙を書いたりすることは、ウイッカの地球に対するいたわりと愛の、さらに進んだ表現です。政治的関与であっても、それが真にアース・スチュワードシップにつながるものなら、やりがいのあるスピリチュアルな活動と言えます。

　女神と男神はつねに存在するということも、重要なウイッカの教えの1つです。私たちがこの世に生きているかぎり、女神や男神はいつも私たちとともにいてくださるのです。私たち自身やその人生には、自分でそう信じる限り、女神と男神から切り離された部分はありません。都会の喧噪の中や田舎の渓谷の静けさの中、砂漠の焼けつくようなトレーラーハウスにも、女神と男神はおられます。私たちのオフィス、学校、自宅の近所、お気に入りの店にも、女神と男神はおられます。ラッシュアワーの交通渋滞や銀行の長い行列の中、窓際に置いた花や植物の中にも、女神と男神はおられるのです。

　神の遍在は、高揚した精神がもたらす感傷ではありません。真実なのです。地球は女神を表現したものではなく、女神の一部なのです。同様に、女神は私たちの内にもおられます。男神も同じです。ですから、何をしようと、どこへ行こうと――コンビニから公園でのコンサートまで、女神と男神はそこにおられるのです。このことからも、あらゆる状況の中に崇高な精神性が内在することがわかるのです。

日常の精神性を高めるその他の方法

　毎日女神と男神に供物を捧げましょう（第10章参照）。毎日最低5分間「聖なる時間」をつくり、この5分間で、人生における立場やウイッカの役割を考えたり、ウイッカと直接、あるいは間接的に関連する活動を行ったりするといいでしょう（繰り返しますが、読書は聖なる時間とは見なされません）。以下に、すべきことの例を挙げておきます。

- 朝夕の瞑想。
- ウイッカをテーマに絵を描いたり、ものを作ったりする。
- ペイガンの古典音楽、あるいは現代音楽を聴く。
- 植物の世話をしたり、植えたりする。
- ボランティアをする。
- リサイクルをする。
- ウイッカンとしての活動を記録する。
- 他のウイッカンと連絡を取る。
- 石を持って瞑想する（あるいは石と霊的に同調する）。
- 新しい儀式を書く。
- 新しい占いの方法を試してみる。
- 魔術に使うハーブを集める。
- 庭園や公園を訪れる。
- 動物の声に耳を傾け、意思の疎通をする。
- 自分の子供にペイガンのおとぎ話（他のおとぎ話ではなく）を読み聞かせる。

このリストはまだまだ続きそうです。実際、私たちの人生が、ウイッカからどれほど影響を受けたかを考えはじめると、この聖なる時間に、さまざまな活動を行うようになります。

本章では、あなたの人生のウイッカの側面を高める方法を、簡単に紹介しました。この追求においては、頭で考えるだけでなく、行動することがとても重要になります。

幸いあれ。

第2部
実　践

8 Effective Prayer 効果的な祈り

　ウイッカに関する書物では、「祈り」についてはほとんど論じられていません。おそらく、祈りは本質的に、きわめて個人的な体験だからでしょう。さらに、ウイッカに関する書物のほとんどは、この宗教のスピリチュアルな側面を深く掘り下げるよりも、儀式の目的や仕組みについて述べることに関心を向けているようです。しかし、ウイッカとは、魔法円、祭壇、儀式の道具を使って、誰でも神と出会えるように考えられたものなのです。暗唱した祈祷文を唱えて儀式を行っている間には、間違いなく神と出会えるでしょうが、では、儀式を行っていないときはどうでしょう？　神は私たちの声を聞いてくださるでしょうか？　私たちに語りかけてくださるでしょうか？

　もちろんです。ウイッカの儀式とは、祈りと魔術を行う枠組みのようなものです。しかし、祈りは、儀式のためだけのものではありません。私たちはいつでも祈ってかまわないのです。この出会いをいかして女神や男神とつながり、助力とやすらぎを求めましょう。

　これから、ウイッカの祈りのいくつかの側面について述べていきます。

祈りは自分の外にも内にも向けられる

　多くの宗教は、人間の体は神さえ嫌悪するほど、汚れた、厭わしいも

のだと説きます。こうした信仰は、肉体を否定して、神を求めるときは、天を仰ぎ見るのです。

　しかしながら、ウイッカンの大部分は、女神と男神は自分の外だけでなく、内にも存在するという概念を受け入れています。自然の中のあらゆる存在が、目には見えなくても実在するエネルギーによって結びついているなら、私たちは女神や男神とも結びついているのです。私たちはこの結びつきを、もっとよく知らなければなりません。しかし「女神はどこにおられるのですか？　男神は？」と体じゅう探してみても、わかるものではありません。女神と男神は、私たちの体の特定の部分におられるわけではありません。ただ、私たちの内におられるのです。私たちのDNAの中に、魂の中に存在しています。女神と男神は、私たちの存在のあらゆる面に浸透しています。

　私たちは儀式、瞑想、祈りを通して、内面に神聖な火花が燃えているのを自覚します。そして、物質界を超えて意識を拡大していくと、内面の神聖なエネルギーが高まり、意識が満たされる瞬間が訪れます。私たちは女神と男神に呼びかけますが、実際は内なる神の存在に、新たに焦点を合わせているのです。焦点が合ったとき、自分を超越した、偉大な神の存在を自覚するのです。

　祈りとは、女神や男神と同調し、コミュニケーションをとるプロセスです。祈りを捧げる間、私たちは月、太陽、星、海、砂漠、洞窟から、野生動物の生息地から、さらには大地そのものから、女神と男神を呼び出します。しかしその呼び声は、偏在する神と出会う前にまず私たち自身の心を動かし、内なる女神と男神に対する認識を新たにしなければなりません。

　熟した桃がたわわに実っているのを見ると、どうしても1つ食べたくなるでしょう。そして、1つの桃に焦点を合わせ、それに近づき、木からもぎ取るでしょう。そうしないと渇望を癒すことはできません。祈りにおいても、まず内なる女神と男神に焦点を合わせないと、その偉大な

英知に触れることはできません。祈りの言葉、視覚化、歌などの手段を使って、まず焦点を合わせましょう。以下に2、3例を提示しておきますが、決まったルールはありません。いろいろ試して、最も効果的な方法を見つけてください。

　まず、ウイッカンは、敬虔な態度（次節参照）をとります。それから、以下のような言葉で、祈りを始めます。

　　内なる女神
　　内なる男神

　この言葉を唱える間、以前女神と男神とつながったときの、温かく、やすらかな記憶に意識を向けます。こうすると、敬虔な気持ちになれるでしょう。それから、以下のように続けます。

　　月、水、大地の女神
　　森と山の男神

　こう口にすることで、心に抱く女神と男神のイメージが拡大し、女神と男神とより広い部分でつながることができます。より強い結びつきが確立できたら、ウイッカンは女神と男神に、具体的なこと（例えば、祈りを捧げる理由など）を話します。
　つまり、ウイッカの祈りは、遠く離れた、雲の宮殿に住む神に向かって語りかけるものではないということです。女神と男神に呼びかけるのに、メガホンを使う必要はありません。女神と男神が自分の内に存在することをあらためて認識するだけでいいのです。これが秘訣です。

敬虔な態度

　どんな宗教であれ、信者の多くは、大いに困ったとき、ひどいストレスを感じたとき、精神的に危機に陥ったときだけ祈りを捧げます。他の手段ではどうにもならなくなって初めて、高次の存在に助けを求めるのです。これは、人間の本性です。もちろん、それでもかまわないわけで、こういう場合に欲しかったものが手に入ることも、往々にしてあります。しかし、これは祈りを捧げる理想的な機会とは言えません。女神や男神とコミュニケーションをとる前に、しっかりつながるための時間が取れないからです。すると、祈りの有効性は阻害されてしまいます。つまり、どんな絶望のふちにいるときでも、女神と男神に呼びかける前に、それにふさわしい敬虔な態度を整えることがきわめて重要なのです。敬虔な態度とは、ゆるぎない精神に基づいた、平安と希望から成り立つものです。
　友人が病気になった、子供が家出した、ネコが行方不明になったというときに、このような精神状態になるのはきわめて困難でしょう。それでも、平安で希望に満ちた、スピリチュアルな精神状態になることは、祈りに大きなパワーを与えます。それによって、さらにダイレクトに女神や男神とつながれるからです。女神や男神とつながってから、好きなだけ感情的になればいいのです。
　大急ぎの騒々しい祈り（「女神様、助けてください！」）や、要求の多い祈り（「私を助けて。今すぐに！」）では、スピリチュアルな助力はまず得られないでしょうし、おそらく祈りはあなたのくちびる、あるいは心で止まってしまい、そこから先へは伝わりません。こんな祈りであっても、祈る人が女神や男神とのつながりを十分自覚している場合は、ごくまれに女神と男神のもとに届くこともあります。それでも、これは祈りのきわめて効果的な形とは言いがたいものです。
　このように祈りとは、一般に自然発生的なものです。新しい情報、または状況に接して、新たに生じた見解の結果生じるものです。ですから、

前もって計画を立てることはできません。それとも、できるのでしょうか？

　実を言うと、できるのです。少しばかり練習し、考えれば、効果のない祈りを、きわめて効果的な祈りに変えることができるのです。どうやって？　毎日、ひたすら敬虔な気持ちで、心をこめて祈るのです。女神と男神に人生の肯定的なできごとについて話しましょう。祈りが叶えられたなら、感謝しましょう。月の出、朝の鳥のさえずり、生まれたばかりの子ネコの話をしましょう。あなたが必要とするもの、希望、願望についても話しましょう。

　祈りを毎日の習慣にしましょう。困り果て、女神と男神に助けを求めるしかないという、めったにない状況になるまで、祈りを先延ばしにしてはいけません。祈り——真の祈り——によって、あなたと女神や男神との間に、常時接続の回線ができるのです。感情を込めずにただ決まり文句を棒読みしないかぎり、こうした祈りの経験は、いざ危機に直面したときに役立ちます。あなたの祈りが短い簡潔なものであっても、しっかりしたコミュニケーションの回線を確立しておけば、いつでもそれを使うことができるのです。

　祈りはどんな場合でも、敬意を表すものであるべきです。ウイッカは女神と駆け引きしたり、「さて、女神様、私にあの新しい車を与えてくださったら、3カ月間ずっとキャンドルをともして差し上げます」と言ったりはしません。これはウイッカンにあるまじき行いです。女神や男神と駆け引きをしてはいけません。祈りは取引ではないのです。また、女神と男神を脅したり、あれこれ命令したりするのもやめましょう。そんなことをすれば、自分を女神や男神と同等の存在に引き上げようとしていることになります。残念ですが、私たちは神にはなれません。

　命令されるのを好む人はまずいません。女神や男神も同じです。このような「お祈り」は、ウイッカにふさわしくありません（私のウイッカとしての流儀にふさわしくないだけでなく、ウイッカ全体に共通するこ

とです。これは女神や男神に対する個人的な考えで判断すべきものではなく、ものの道理——女神と男神が私たちより偉大な存在であるということ——なのです。議論は不要なのです)。

そして、敬虔な態度とは、平安で、希望に満ち、スピリチュアルな境地にあることを言います。祈りに先立ってこのような状態になれたら、祈りはさらに効果をもたらすものになるでしょう。

祈りの本質

信仰深い人の多くは、祈りとは、人と神との間のコミュニケーションのみで成り立つと主張するでしょう。しかしながら、ウイッカンである私たちは、人間の体には非物質的なエネルギーが存在することを知っています(魔法円を作ったり、ツールを聖別したり、その他、魔術に関するワークを行うときに使うエネルギーです)。効果的な祈りは、言葉だけで成り立つものではありません。純粋でまじりけのない感情を伴って、祈りが正しい状態で行われるとき、私たちは言葉とともに、女神と男神に向けてエネルギーを投げかけます。つまり、ある種の祈り(例えば、願いごとをする場合など)は、魔術でもあるのです。

といっても、真の祈りを意図的に魔術的なものにする必要はありません(つまり、祈りの最中にエネルギーを高め、計画し、放出する必要はないということです)。心を込めて祈っていれば、おのずからそうなります。求めることに集中し、女神や男神につながり、語りかければ、エネルギーは高められ、計画され、放出されます。これが魔術なのです。

女神や男神とうまく同調できていない、つまり焦点がはっきり合っていない場合、祈りによって高められたエネルギーは、ためらいながら上空へ消えていき、何の効果も得られません。入浴しようと思えばバスタブに水をためなければならないのと同様に、私たちはエネルギーを集めて、女神と男神に向けて投げかけなければなりません。これをしないと、

祈りは効果のないものになってしまいます。ですから、女神と男神に焦点を合わせたまま、何があっても気を散らせてはいけないのです。

　誤解しないでください。祈りの中には、まじないと考えてよいものもありますが、これはすべての祈りに当てはまるものではありません。女神と男神に捧げる祈りは、まじないではなく宗教的行為であり、たまたま魔術的な内容が含まれることもあるということです。

　ウイッカの祈りは、女神と男神に言葉を唱えるだけのものでも、単なるコミュニケーションの形式でもありません。人間から神への、個人的なパワーの流れなのです。

祈りの種類

　祈りには、感謝の祈り、祝福の祈り、助けを求める祈りなど、さまざまな種類があります。ほとんどの場合、祈りの種類は状況によって決まります。しかし、助けが必要なときだけ祈るというのは、祈りの最低限の潜在能力しか使っていないことになります。以下に挙げる祈りは、単なる例と考えてください。

　感謝の祈りは、次のようなものです。

　　おお、内なる女神よ
　　おお、内なる男神よ
　　おお、月の女神、水の女神、大地の女神
　　おお、森と山の男神
　　＿＿＿＿＿に（あるいは、多くの恵み）に感謝します。

　それから、その恵みによって、あなたの人生がどのように変化したかについて、祈りを続けていきます。

> この困難なときに、スピリチュアルな力を
> お貸しくださったことに感謝します。
> それによって私は力を回復し、勇気づけられました。

あるいは、

> 完璧な家を見つけるのを助けていただき、感謝します。
> 私たちは今無事に暮らしています。

あるいは、

> 私の人生に手を触れてくださったおかげで、
> ライトさんと出会えたことを感謝します。
> 私の世界は愛と幸福に満ちています。

　このような祈りは、だらだらと長くなりがちです。感謝の祈りでは、感謝を捧げる理由を簡潔に述べましょう。そのほうが、最近、女神と男神に助けてもらった事実が強調され、祈りの有効性も増します。
　儀式を行うのに助力が必要なら、次のように祈るといいでしょう。

> おお、輝ける女神よ
> おお、輝ける男神よ
> あなた方は存在するすべてのものをお創りくださいました
> この満月の夜（あるいはユール（冬至）など）に
> あなたを祝して
> この儀式を行えるよう私をお助けください。

　祝福の祈りは、ウイッカンが、女神と男神から直接助力を受けて、あ

るいは受けなくても、偉業を達成したときにも行いましょう。

　　おお、慈悲深い女神よ
　　私は試験に合格しました。

あるいは、

　　おお、母なる女神よ
　　おお、父なる男神よ
　　私は（本を、歌を、庭を）完成させました。

助けを求めるときは、次のように祈るといいでしょう。

　　おお、内なる女神よ
　　内なる男神よ
　　月の女神、水の女神、大地の女神よ
　　森と山の男神よ
　　おお、輝ける無限の英知の女神と男神よ
　　私が子供（友、恋人、親、上司）を理解できるよう教えてください。
　　怒りと痛みを克服できるようスピリチュアルな力をお貸しください。
　　あなたの愛で私の火を消してください。

　確かに、助けを必要とする状況はさまざまです。現代の市場経済においては、人が作ったものを買うためにお金を稼がなくてはならないので、物質的なものを求める場合が多いようです。私たちは新しい車、家、もっといい仕事、もっと多くのお金を求めます。また、助けを求める祈りには、癒し、思いやり、愛、保護など、日常生活のさまざまな側面も含まれます。
　ときには、手が届かないものを求めることもあります。そして、一時

8 効果的な祈り

的に女神と男神への集中を見失い、否定的な思考、失望、恐怖に陥ってしまいます。こんなときこそ、女神と男神に祈りを捧げるべきです。

> おお、内なる女神よ
> おお、内なる男神よ
> おお、月の女神、水の女神、大地の女神よ
> 森と山の男神よ
> あなた方の存在を感じさせてください。
> あなた方の存在に気づかせてください。
> あなた方の教えを思い出すのを助け
> 私の精神性の扉を開く鍵を見せてください。
> 幸いあれ。

あるいは、信仰に対する問題について、祈りを捧げるのもいいでしょう。祈りの導入部に続けて、こう唱えましょう。

> 女神よ、私には理解できないことがあります。
> この本には、来世は、現世の性と異なる性に生まれ変わることは
> できないと書いてありますが、本当でしょうか？

あるいは、

> 女神と男神よ、私は完璧な魔法円の描き方を模索しています。
> これを見つけられるように、私の頭、心、手を導いてください。

助けを求める祈りは、効果的なものにするために、必ず敬虔な態度で唱えるということを、覚えておいてください。
　ウイッカの祈りは、この宗教の私的で個人的な側面です。私たちには

それぞれの、女神や男神とつながる方法があります。それでも、本章で概要を説明したテクニックは、女神や男神と真につながろうとするとき、また、祈りを日常生活を支えるポジティブなツールとして使うとき、役立つのではないかと思います。
　つねに祈りましょう。これがウイッカの核心です。

9 Daily Prayer and Chants 日々の祈りとチャント

　この宗教は、女神と男神を崇拝します。そのため、女神や男神との関係を確立し、維持することが不可欠になります。日常生活の中にも、このきずなを強化する機会は何度もあります。朝起きたときや食事の前、就寝前など、1日のうちに何度か、短い祈りを捧げるのはとてもよいことです。日々の祈りは、正式なものでも、その場で思いついたものでも、ウイッカを確実に日常生活の一部にする方法の1つです。言葉そのものはさほど重要ではありません。最も重要なのは、心を込めて祈ることです。

　本章では、さまざまな機会に適した祈り——簡単なものから正式なものまで——を紹介します。そのまま使うなり、これを参考に自分の祈りを作るなり、好きに使ってください。私はこのように女神と男神に呼びかけていますが、あなたはこれまでに女神や男神と触れあえたときの名前を使ってかまいません。

毎日の祈りとチャント

食前の祈り

　食事をとる前に、このような言葉を唱えましょう（必要なら、小声でささやくか、声に出さずに心の中で唱えましょう）。

森や小川から
山や野原から
肥沃な大地の
滋養のある収穫物から
今私は神聖なエネルギーをいただきます。
どうか私に健康、力、そして愛を与えてください。
幸いあれ。

食事の前の祈り、その2
緑の平原の女神よ
太陽を浴びてたわわに実った穀物の男神よ
大地を冷やす雨の女神よ
果実と茎の男神よ
用意したこの食事に祝福を与えてください
愛をもって滋養を与え
これから女神・男神と分かち合う
この食事に祝福を与えてください。

食事の前の祈り、その3
おお、内なる女神よ
おお、内なる男神よ
私は今、大地の恵みをいただきます。
愛をもってこの食事に祝福を与えてください。

朝の祈り
今日という日に祝福を、あかあかと燃える太陽よ。
今日という日に祝福を、私に夜の備えをさせてください。

  日の出のチャント
  火が燃えている
  太陽が輝いている
  輝きながら、私のもとへ流れてくる。

朝の祈り、その２

  おお、慈悲深い女神よ、
  おお、慈悲深い男神よ
  私に健康、力、愛を与えてください。
  これから始まる今日という日に
  私を待つ課題に手をお貸しください。
  あなたの神聖な知恵をお貸しください。
  すべてのものに敬意を払えるよう教えてください。
  何よりも偉大なパワーは愛であることを思い出させてください。
  幸いあれ。

夕べの祈り

  月が美しい銀色の光で
  大地を照らしている
  夜も、そして太陽に照らされる昼も
  私を照らしてください。

就寝前の祈り

  おお、慈悲深い女神よ
  おお、慈悲深い男神よ、私は今夢の国へ入ります。
  できればクモの巣のように光を編みあわせて、私をお守りください。
  眠る私の体と魂をお守りください。
  ふたたび太陽が大地を統べるまで、

私を見守ってください。
おお、慈悲深い女神よ、
おお、慈悲深い男神よ、夜は私と共にいてください。

就寝前の呼びかけ

月の女神よ
太陽の男神よ
私と私のものをお守りください。
今日という日は終わりました。

新月のチャント

銀色の月が満ちていき、
月の女神ダイアナが大きくなっていく
大きくなりながら、私への愛を示している。

助けを求める短いチャント

聖なる母よ、
母なる神よ、
私に道を示してください
私にしるしを与えてください。

10 Prayer and Rites of Thanks and Offering
感謝と供物の祈りと儀式

供物の儀式

　多くのウイッカンは古来の慣習に従い、日常的に女神と男神にちょっとした供物を捧げます。普通は神の像の前で行いますが、屋外を含め、どこで行ってもかまいません。女神と男神に継続して供物を捧げていると、女神と男神、そしてこの宗教との関係が強まります。ですから、いろんな理由を見つけて、定期的に供物を捧げましょう。

　このような儀式のおもな道具として、供物用の器があります（屋内の場合）。さまざまな自然素材で作られたものがありますが、粘土、木、陶磁器、銀の器が好まれます。供物としてはどんなものがベストでしょう？　一般に、食品（肉類は除く）が無難ですが、小さな置物もいいでしょう。ときには宝石など貴重品を供えたり、地中に埋めたりすることもあります。もし何もなくて、食べ物を供えることさえできないときは、お水を供えるといいです（水は生命維持に必要なだけでなく、女神のエネルギーがこもっています）。供物としてインセンスを燃やすのもいいですが、これは特別な供物に当たりますので、何でもないときに燃やすのは控えましょう（それから、こんなアドバイスは不要であればうれしいのですが、この重要な教訓を忘れている人がいるかもしれないので、言っておきます。神にいけにえを捧げるべきではありません）。

供物は、感謝と意図をもち、気持ちを集中させて捧げるものです。気持ちがこもっていない供物では、効果は期待できないでしょう。こうした供物は、昔は信者の命を守るために不可欠と考えられていましたが、今日では、スピリチュアルに生きるために欠かせないものと考えましょう。

　供物は１日１回、週に１回、月に１回、３週間ごと、あるいは満月のたびに捧げると決めておくといいでしょう（行き当たりばったりで供物をするより、このように一定の間隔で行うほうが望ましいです）。ほとんどの人は夜に行いますが、１日のうちいつ行うかはたいして重要ではありません。ここでも、あなたに合ったやり方を見つけましょう。祈りに対して答えが返ってきたときは、いつでも感謝の供物を捧げてかまいません。

　以下に述べる儀式は、提案にすぎません。直感を使い、いろいろ試して、自分に合った形を見つけてください。供物を捧げたあとは、少し時間をとって、その意味を考えましょう。

日々の供物

　次の言葉を唱えながら、供物を器に入れ（屋外の場合は地面に置き）ましょう。

　　私はこれを惜しみなく捧げます。
　　女神と男神よ、この供物を受け取ってください。

日々の供物、その２

　次の言葉を唱えながら、供物を捧げましょう。

　　私の献身のしるしとして、これを捧げます。
　　この供物が私とあなたのきずなを強めてくれますように。

特別な願いごとのための供物

　決してこれを賄賂と考えてはいけません。私たちは女神と男神に賄賂を贈ることはありません。女神と男神は、存在するすべてのものを所有しているからです。それでも、特別な願いごとをする（祈りの中で）前に供物を捧げるのは、私たちが助けを求めていることの証しです。供物がもつエネルギーは、祈りのパワーによって女神と男神に届けられ、私たちの願いを強めます。

　特別な願いごとがある場合は、それに適した供物——つまり、あなたにとって感情的、心理的、あるいは物質的に重要な意味をもの——を選びましょう。そして、願いごとを唱えながら、それを地中に埋めます。

　これでおしまいです。

　（供物を掘り出して、回収してはいけません。いったん女神と男神に捧げたら、あなたは物質としての品物を手放したのです。もうあなたのものではありません。）

感謝の儀式

祈りに対する返答への感謝

　　女神よ
　　人間の耳には聞こえないことを、あなたは聞いてくださいました。
　　人間の目には見えないことを、あなたは見てくださいました。
　　人間の心では耐えられないことを、
　　あなたは耐えられるものにしてくださいました。
　　人間の手ではできないことを、あなたはしてくださいました。
　　人間の力では変えられないことを、あなたは変えてくださいました。
　　愛の女神よ、全能の女神よ
　　すべての力は、あなたから流れ出します
　　すべての源である女神よ

秩序の女王
宇宙の創造主
祈りを捧げ、願いをききとどけられた
ソロのウイッカンが捧げる
このささやかな感謝のしるしを受け取ってください。

（花、硬貨、宝石、自分で描いた絵など、あなたにとって大切なものを、供物として地面の上に置くか、地中に埋めます。時間がかかるようなら、とりあえず供物用の器に入れ、あとで地面の上に直接置きましょう。）

１人で行う感謝の儀式

（この儀式をいつ行うかは、あなたしか知りません。どの月相でも、昼でも夜でも、いつでも必要なときに行えばいいのです。）

大きめの白かピンクの器１つ、白いキャンドル１本、水、新鮮な小さな花（白い花がベスト）、綿の布１枚を用意します。

器を祭壇（あるいはテーブル）の上に置きます。必要なら、魔法円を描きます。白いキャンドルを、温めた蜂蜜か別のキャンドルの溶けたロウで器の中央にくっつけます（つまり、器はキャンドル立ての役割を果たします）。

器に水を注ぎ、新鮮な花を水の表面に浮かべます。キャンドルに火をつけます。

この儀式を行う理由を視覚化します。なぜ女神と男神に感謝を捧げるのか思い出しましょう。指先でキャンドルの両面に触れ、次の、あるいは同様の言葉を唱えます。

月の女神、星の女神、大地の女神よ
太陽の男神、森の男神、丘の男神よ
私は感謝の儀式を行います。

> *私の愛は、炎のように輝き*
> *私の愛はあなたの上に*
> *花びらのように浮かんでいます。*
> *水の女神、花の女神、海の女神よ*
> *風の女神、角の女神、火の女神よ*
> *私は感謝の儀式を行います。*
> *私の愛は、炎のように輝き*
> *私の愛はあなたの上に*
> *花びらのように浮かんでいます。*
> *洞窟の女神、ネコの女神、ヘビの女神よ*
> *平原の男神、ハヤブサの男神、雄ジカの男神よ*
> *私は感謝の儀式を行います。*
> *私の愛は、炎のように輝き*
> *私の愛はあなたの上に*
> *花びらのように浮かんでいます。*

　キャンドルの炎をじっと見つめて、それから視線を水へと移していきましょう。水の表面にそっと息を吹きかけ、花の動きを観察しましょう。瞑想し、神と心を通わせ、感謝を捧げます。

　頃合いをみて、花びらを水から取り上げ、白い布の上に置きます。布で花びらを包みます。魔法円を描いていたら、ここで閉じましょう。キャンドルの炎を消して、感謝の儀式を終えます。水を地面に注ぎ、花を地中に埋めます。これでおしまいです。

11 Simple Wiccan Rites
簡単なウイッカの儀式

　もうすぐ旅に出るので、あなたはわくわくしています。ところが、この計画がサバト、あるいはエスバットの祝祭とかち合うことに気づきます。儀式のツールを全部もっていくのは実用的ではない（というか、無理がある）場合、どうすればいいでしょう？

　また、別のケースとして、儀式を行いたい、あるいは行わなければという思いが突然湧き上がってきたとします。そうした場合、準備にかけられる時間は、ほとんど、あるいはまったくありません。友人が入院した、あるいは愛する人が危機に陥っていると耳にしました。さて、こういう場合はどうすればいいでしょう？

　簡略化したウイッカの儀式を行えばいいのです。状況によっては、魔術（民間魔術）のほうがいいかもしれません。精神面の比重が高い状況には、あまり複雑でない儀式のほうが、意識に強力な変化をもたらし、女神や男神との間に充分なつながりが生まれるのです。

　儀式のツール（アサメイ、杖、カップ、香炉、インセンス、水、塩）は儀式を補佐するものであって、必ずしも必要ではありません。それでも、ウイッカについて学びはじめた頃には、こうしたツールは、儀式に臨むにふさわしい意識状態をもたらし、聖なる場所を定めて清め、女神と男神に祈りを捧げるのに、計り知れない助けとなります。基礎が身についたら、このようなツールは、常備しておくに越したことはないです

が、必需品ではなくなります。簡略化した儀式に必要なのは、もうおわかりでしょうが、最小限のツールと、儀式にふさわしい動作です。

　私は紙包みに入った塩（レストランに置いてあるようなもの）、小さな紙コップに入れた水、バースデーケーキについているキャンドル、一般的な食卓用ナイフを使って儀式を行ったことがあります。塩と水で、普通の場所を聖別しました。ナイフを使って小さな魔法円を描き、女神と男神のためにキャンドルに火をつけました。シャワーやバスタブもなく、準備にかけられる時間もほとんどなく、わずかな道具しかありませんでしたが、納得のいく儀式を行うことができました。

　かつて私は数人の友人と、病気の友人のために病室で、極端に簡略化した癒しの儀式を行ったことがあります。また、家から遠く離れたホテルの部屋で、簡単な月の儀式を行ったこともあります。たまたま木々の間から月が顔をのぞかせているのが見えて、なじみのない部屋の静けさの中でチャントを唱えました。

　その後も、屋内でも屋外でも、自然にあるツールだけを使って、儀式を行ってきました。足の下には大地があり、目の前に水がほとばしり出ていて、空気があり、上空では太陽がさんさんと輝いています。簡略化したウイッカの儀式を行うとき、私はたいてい、自分の心、感情、それに視覚化の魔法の能力だけを頼りにします。

　ウイッカの修業を始めたとき、私はまだ未成年で、親の家で暮らしていました。そのため、簡略化した儀式を行うしかありませんでした。サバトの日にはキャンドルに火をともし、小さな声でチャントを唱えながら炎を見つめたり、窓枠に腰かけ、月を見上げながら、満月のまじないを小さな声で唱えたりしていました。

　簡単に言うと、ウイッカの儀式のツールと形式は、この宗教の性格の幾分かを表しているので、重要ではありますが、必ずしもなくてはならないものではありません。効果的な儀式は、祭壇に並べられる道具の数に依存するものではありません。儀式はあなたの内面で始まり、そこか

ら続いていくのです。道具とチャントの暗唱は、内面の変化（儀式に臨む意識の変化など）を外に向かって表すためのものです。それらは、内面の変容を助けはしますが、必須条件ではありません。

　以下に、即興の、あるいはかなり簡略化したウイッカの儀式の手順をいくつか紹介します。これを見本にして、あなた自身の手順をつくり出してください。いつ何どき、こうした儀式を行う必要に迫られるかもしれません。たいていの場合、家から離れていて、本も手元にありません。こうした緊急事態に備えて、前もって、いつでも、道具がなくても、簡潔であっても効果的なウイッカの儀式のやり方を考えておきましょう。次に取り上げるのは、緊急事態が起こった場合と、サバトやエスバットの日に家から（道具からも）離れている場合です。

魔法円を描く

　状況に応じて、立つか、座るか、横になります。筋肉を引きしめて、エネルギーを高めます。体の中でエネルギーが、紫がかった青色の炎の球になって輝いているところを視覚化します。利き腕を使って、このエネルギーを体の中から取り出し、小さな円を作ります（手がエネルギーを導く役割をします）。あるいは、手は動かさずに、体のまわりに時計回りにエネルギーを送り出します。円がちらちら光りながら脈打っているのを感じましょう（できれば魔法円を作る前に、塩か水、あるいはその両方を周囲にまいて、身のまわりを清めておくといいでしょう）。

女神と男神への祈祷

　祈りの言葉をいくつか暗記しておくと落ち着くかもしれません。感じるまま唱えましょう。祈っている間は、女神と男神とのつながりに集中することを忘れないように。状況により大きな声で唱えられないときは、

心の中で唱えればいいです。次のような定型句を使ってもかまいません。

　　母なる女神よ、私と共にここにいてください。
　　父なる男神よ、私と共にここにいてください。

　その後はその状況を説明したり、儀式を行えることを祝う言葉を唱えたりしましょう。長々と唱える必要はありません。以下の例を参考にしてください。

- 儀式を行う理由を述べましょう。サバト（もしそうなら、どの祝祭か）、満月、特別な願いごとなど。

- その状況について述べ、必要なら、女神と男神に助力をお願いしましょう。

- 女神と男神に、注目してもらえたことを感謝しましょう。ユールの儀式を行う場合は、次のように唱えるといいでしょう。

　　今夜（あるいは今日）私は、ユールを祝うために
　　あなた方の前にやってきました。太陽の女神はよみがえりました。
　　日差しが伸びています。春の兆しが見えはじめました。

　少しの間、この儀式を行う意味について黙考し、その後こう唱えましょう。

　　女神と男神よ、私の簡素な魔法円に
　　お越しくださったことを感謝します。
　　ごきげんよう、そして、いざさらば。

暗記している祈祷文を唱えたい、あるいはもっと長い言葉を唱えたいと思うかもしれません。直感に従いましょう。

儀式を終える

　女神と男神に感謝を捧げたら、魔法円を作るのに使ったエネルギーを取りこみましょう。できれば、魔法円を閉じた直後に何か食べるといいです（何もなければ、塩を少しなめましょう）。これで簡略化した儀式は終了しました。

　こうした儀式は、小さな声で、あるいは声を出さずに行うなら、混雑した部屋や人のいるところでも、誰にも知られずに行うことができます。正直に、少しお祈りがしたいとだけ断ればよく、誰に祈りを捧げるかまで明らかにする必要はありません。

　ツールが身近にないとか、インスピレーションがわかないというだけでは、儀式をお休みする理由にはなりません。ソロのウイッカンの大きな強みは、他のメンバーを儀式に招かなくてもいいこと、あるいは、1人では儀式は行えないと思う必要がないことです。簡略化したプロセスを使えば、あなたは1人で儀式を行うことができるのです。

12 Magic and the Solitary Wiccan
魔術とソロのウイッカン

　魔術はとてつもなくパワフルなツールです。これがあれば、精神性においても、身体面においても、簡単に変化を起こすことができます。目的をもってエネルギーを動かすという、この自然な（しかし、あまり理解されていない）プロセスは、ウイッカの重要な要素です。私たちは（言うまでもありませんが）魔法円を作り、その中で魔術を使って儀式を行うからです。また、儀式のツールや宝石を清めたり、聖別したりもします。本章では、民間魔術に対するものとして、ウイッカの魔術（変化をもたらすために、個人のパワーとともに、キャンドル、ハーブ、オイル、色といった、非宗教的なツールを使う方法）について述べるにとどめます。

魔法円

　あなたはすでに、魔法円（あるいは「聖なる空間（sacred space）」）の作り方をご存じのことと思います。エネルギーを高め、目的を与え、心と、おそらくはツールを使って、そのエネルギーを大きな球の形にして体から放出し、その中で儀式を行います。
　ここまでなら、本を読めばわかります。では、あなたはこのプロセスについて、どれくらい知っていますか？　当たり前のことと思っていますか？　何が起こっているか、本当にわかっているでしょうか？　魔法

円がどれほど強力か、試したことがありますか？　感覚を研ぎ澄ませた腕をいっぱいに伸ばして、魔法円の境界を感じてみたことはありますか？　あなたの魔法円（実際のところは、円ではなくドーム状の半球ですが）は完璧ですか？　ゆがんでいませんか？　へこんでいませんか？　楕円形になっていませんか？　大きすぎませんか？

　これらの質問には、次に魔法円を作ったときに、じっくり調べてから答えればいいです。すべての感覚（とくに霊的能力）を使って、作りおえた魔法円を調べてみましょう。念入りに調べてください。上記の質問に答えてから、魔法円の境界内にいるとき、いつもと違う感じがあるかどうか見きわめましょう。これは手がかりの1つになります。何か問題が見つかったら、いったん魔法円を閉じ、自分のやり方にもっと注意を払いながら、もう一度最初から作ってみましょう。

　魔法円を作るときは、いいかげんな気持ちではいけません。魔法円作りは、聖堂を建立したり、ストーンヘンジの巨石をもち上げたりするのと同様の作業です。私たちは神を礼拝するための神殿を、自分だけの神殿を建立しているのです。これはあらん限りの時間、エネルギー、集中を注ぐに値する作業です。

魔法円の中でエネルギーを高める

　魔法円の中で行う魔術の形もよくご存じだと思います。求めるものを視覚化しましょう。ウイッカは、視覚化している間に、体の中でエネルギーを高め、視覚化を通して、必要とするものをエネルギーに刷りこみます。その後、パワーを放出します。

　残念なことに、ソロのウイッカンにとって、エネルギーを高める方法はわずかしかありません。1つはこういうものです。祭壇の前に座り、「彼女を癒してください」、あるいは「私をお守りください」などと、目的をゆっくり唱えます。徐々にチャントのスピードを上げていきますが、

視覚化がぶれてはいけません。そして、体じゅうの筋肉を緊張させます（こうすると、じっとしていても身体的エネルギーが高まります）。すると、体の中でパワーが増大していき、あふれそうになります。そこでエネルギーを放出しましょう。

　もう1つの方法は、より身体的なものです。求めるものを視覚化したり唱えたりしながら、ダンスを踊りながら祭壇のまわりを時計回りに、ゆっくり回りはじめます（歩いてもかまいません）。そして、徐々にダンスのスピードを上げていきます。パワーを放出するとき、ちょっと大げさに床の上に倒れてもかまいません。

　3つ目の方法は、呼吸のテクニックを使うもので、筋肉を緊張させて、エネルギーを高めます。

　ソロのウイッカンのための方法は、これだけです。他にもいくつか方法はありますが、どれも何人か他のメンバーが必要なので、カヴンでの儀式に限られます。

エネルギーを送る

　カヴンでの魔術のワークでは、パワーを高める方法はいくつもあるので、その中のどれかを使います。このワークは、パワーが高まって、ピークに達するまで続けます。ピークに達したところで、参加者はパワーを放出します。そのときは床に腰を下ろし、筋肉を完全に弛緩させてパワーを送り出します。このプロセスに参加する人たちは、その目的にふさわしく、「エネルギーを上げた人（エナジー・ライザー）」と呼ばれます。

　一般に——いつもではありませんが——このパワーは、その後1人のメンバー——多くの場合ハイ・プリースティス——によって魔法円を通して対象に向けて放出されます（エネルギーが魔法円の中にある物体に注ぎこまれることもあります）。この人物——ここでは「エネルギーを送る人（エナジー・センダー）」と呼ぶことにします——は、このエネルギーを

いったん全部自分の中に取りこみ、それから目標に向かって放出する能力をもっています（別のやり方をするカヴンもあります。メンバーがそれぞれに、エネルギーを放出するのです。それでも、コースから逸れたエネルギーの方向を修正し、解放に先立ってエネルギーを上げるプロセスを管理するために、エネルギー・センダーは必要です）。ソロのウイッカンとして、私たちはエネルギー・ライザーとエネルギー・センダーの２つの役割を果たさなくてはなりません。これには訓練とコントロールが必要です。

　私たちが使うのは、前述したカヴンのメンバーがエネルギーを放出するために使う方法です。ピークに達したら、一気に筋肉を弛緩して、エネルギーを送り出せばいいのです。視覚化によって、エネルギーをあなたの手あるいは儀式用ナイフから外に向けて放出しましょう。

　最初は難しく感じる人もいるようです。ウイッカンはエネルギーを感じ、送り出そうとしますが、はたしてエネルギーが目標に到着するだろうかと疑問に思うかもしれません。多くの新米ウイッカンは、魔法円の機能の１つはエネルギーを閉じ込めることなのに、どうやってエネルギーは魔法円を抜けて出ていくのだろうとも思うでしょう。

　エネルギーを高めて送る完璧な能力を身につけるのは、ソロのウイッカンにとって難しい課題の１つですが、時間がたてば身につくものです。上手に魔法円が描けたとき、あなたの体からはエネルギーが目標に向けて放出されていて、目的は達成されています。したがって、あなたは魔術のワークを完了したのです。

　これができたら、次のステップは、（上記のテクニックを使って）より多くのエネルギーを高め、目標に向かって、魔法円を抜けてもう少し遠くまで送れるようになることです。魔法円がエネルギーの出口をふさぐのではないかという心配はいりません。魔法円はドアのようなものと考えてください。円の中からエネルギーを送ると、魔法円のドアは開きます。ドアと同様、魔術を行っている間に、魔法円に「開け」などと指

示を出す必要はありません。魔法円は、エネルギーを放出することが自分の役割の1つだと「知って」いるからです（エネルギーが出て行くと、ドアは自動的に閉まります）。

そう、あなたはこうつぶやくかもしれません。「魔法円は部屋のようなもので、私たちはその中に立って、そこからエネルギーを送り出すのね」。その通り。しかし、それならなぜ、私たちに送り出す用意ができる前に、エネルギーは流れ出さないのでしょう？　それは、私たちがまだドアが開くほど、エネルギーを送り出していないからです。ただドアノブを握っただけでは、ドアは開きません。力を入れて、適切な組み合わせで圧力をかけ、障害物を押しのけなければなりません。これは魔術でも同じです。集中し、方向性をもったエネルギーの流れだけが、魔法円にその場限りのドアを開けさせ、境界の外へ出ていくことができるのです。

カヴンにおいては、もっと長い時間——ゆうに半時間かそれ以上——かけて、輪になって踊ったり、チャントを唱えたり、それ以外のテクニックを使ったりして、エネルギーを高めます。この間にカヴンのメンバーは必要に迫られ、ハイ・プリースティスが決める一斉に放出する瞬間を待ちきれずに、エネルギーの一部を放出してしまうこともあります。魔法円は、ハイ・プリースティスによって方向づけられた、カヴンのメンバー全員の総力が1つになってドアが開くまで、このエネルギーを留めておきます。

ソロのウイッカンもまた、魔法円の中でエネルギーを高めます。そして、そう、まだ早いタイミングで、エネルギーを少し放出してしまうかもしれません。それでも、ぎりぎりまでできるだけエネルギーを保持しておくことが重要です。一気にエネルギーを放出するのが、最も効果的なのです。

体の中からエネルギーを押し出してみましょう。そして、それが焦点をもったエネルギーの光線となって炸裂し、あなたの体から放たれ、魔

法円を通り抜け、目標へ到達するのを感じましょう。魔法円のまわりに漂っている余分なエネルギーが、エネルギーの本流に流れこむところを視覚化し、感じましょう。あなたにはエネルギーを方向づける仲間はいないのですから、自分でやるしかありません。幸い、練習すれば、実に簡単にできるようになります。ポイントは視覚化です！

　ウイッカの儀式——とくに魔術を含むもの——を行ったあとは、魔法円の中には当然いくらかエネルギーが残っています。このエネルギーは微妙に気を散らせるので、儀式のあとは少し何か食べて、エネルギーを大地に逃がすのが一般的です。タンパク質を含む食品（豆類、トウモロコシ、乳製品など）が理想的です。食べることによって意識がこの現実に戻ってきますし、魔術の間に失われたエネルギーがいくらか補充されます。

　それから、これらはソロのウイッカンに特有の魔術として行われてきましたが、かつては部外者には教えない秘密でした。今日ではみなが知識を共有し、人生の質を向上させるために使っています。

　もう少しお話ししておきましょう。ウイッカの魔術は、魔法円の中で行うことによって、ポジティブな変化を目指すものでなくてはなりません。ネガティブな魔術は、ウイッカのものではありませんし、魔法円の中でそんな魔術を行ったら、その人はさっそくしっぺ返しを食らうことになります。聖なる空間（魔法円）の中で高められたエネルギーは、直接女神や男神と同調します。女神と男神にネガティブなエネルギーを送ったりしたら、即刻あなたのところへ戻ってくるでしょう——しかも、3倍になって。

　長年の間に、多くの善意のウイッカンが、ソロのウイッカンの「危険性」を警告してきました。カヴンは安全弁としての役割を果たし、ネガティブな魔術を行うことを望むメンバーの、不穏な心理状態を鎮めてきたというのが彼らの言い分です。確かに、カヴンがネガティブな魔術を行うことはないでしょう。このソロのウイッカンに関する意見は、表面

的にはきわめて納得できるもののように思えますが、正論ではありません。善意の人は立派ですが、それだけのことです。ウイッカの最も重要なおきて（何人も害するなかれ）を受け入れたなら、カヴンのメンバーであれ、ソロのウイッカンであれ、ネガティブな魔術に心を惹かれたりはしないのです。

　このことはあまり耳にする機会がないかもしれませんが、「何人も害するなかれ」とは、どんな形にしろ、自分自身も含めて、誰も傷つけてはいけないということです（「害する」とは、人の人生を妨害したり、操ったりすることと考えるべきで、魔法をかけたり、呪ったり、人を特定して愛の呪文をかけたりすることも含まれます）。このおきてを受け入れているのであれば──自分はウイッカンだと明言する人は全員が受け入れているはずです──ソロのウイッカンの魔術に対する危惧は妄想でしかなく、消え去ることでしょう。

第3部
あなたの宗派

13 *Creating a New Path* 新しい道をつくる

　伝統的なウイッカの大部分は、いくつかの宗派(トラディション)に組織されています。言うまでもなく、伝統とは、ある年代あるいは集団から、次の年代や集団へと受け継がれている信仰や実践方法を指すので、ウイッカの宗派(トラディション)とは、普通はイニシエーションののちに受け継がれる、ウイッカの独自の実践方法のことを言います。

　ウイッカの宗派は、この宗教の最も強力な、生き残りの仕組みの1つです。あらゆる宗教にとって、生き残るためには組織は必要です。組織がなければ、宗教は混乱と混とんのうちに崩壊してしまいます。もしそれぞれのウイッカが、ウイッカのあらゆる側面（ツール、儀式の形、神の概念）を絶えず改革していったら、私たちが知っているウイッカという宗教は、ほどなく消滅してしまうでしょう。伝統的な形式や信条を欠いた状態では、ウイッカを次の世代に伝えることはまず不可能です。

　ソロのウイッカンである私たちは、だんだんとウイッカ独自の伝統を実践しなくなっています（その訓練を受けてからカヴンを離れた人を除いて）。これにより、私たちは多大な自由を手にしています。ソロのウイッカンの中には、自分でサバトやエスバットの新しい儀式を創作し、あまり縛られない形でウイッカを実践している人もいます。

　しかしながら、ソロのウイッカンの多くは、自分の修業と信仰が、しっかりした基盤に支えられたものになるように、自分なりの宗派を作る必

要を感じています。このような新しい宗派は、時間や経験とともに変化していくでしょうが、それでもソロのウイッカンの修業のために、貴重な枠組みを与えてくれます。他のことはともかく、自分の崇拝の方向性を自分で決めるという波乱にとんだ信仰生活において、堅固なよりどころとなり、そのウイッカンが正しい道を進んでいるという保証を与えてくれるのです。ある意味、ウイッカの宗派とは、女神に至る具体的な道を指し示してくれる地図のようなものなのです。

本書の第3部には、あなたにぴったりの、新しいウイッカの宗派を作る手引を掲載します。宗派の規則を書いていくうちに、あなたが「こうありたい」と思っていることに焦点を合わせることができ、その結果生まれたものは、スピリチュアルな意味において、他のどのウイッカの宗派よりはるかに満足できるものになるでしょう。あなたにこの作業を引き受ける義務はありませんが、それでも自分の宗派を作ると心を決めたのなら、本章と次章において、あなたがスタートを切るのに役立つアイデアをいくつか提供しましょう。

なぜ宗派を作るのか？

作ってはいけませんか？　出版されている「影の書」には未完のものが多く、ほとんどが集団での崇拝を対象にしています。そのため、1人で実践するウイッカンにふさわしいものはなかなか見つかりません。これだけでも、自分の宗派を作る十分な理由になります。

その上、出版されている儀式の本はどこかよそよそしく、違う世界のもののようで、すべてをウイッカに捧げようという気にさせてくれません。また、特定のウイッカの宗派に関して、たとえそれが定評のあるものであっても、多くの疑問を感じてしまい、言われた通りにその儀式を行うことができないかもしれません。一方、あなたの内面では創造的なひらめきが芽生えはじめて、出口を探していることでしょう。新しくウ

イッカの宗派を作ることは創造的なプロセスですが、自制心を保ちながら進めていく必要があります。

始め方

　これを読みながら、ペンと数枚の紙を用意してください。最初のページの一番上に、「神の概念」と、大きな文字で書いてください。
　２ページ目には「ツール」「祭壇」「衣服」「宝石」。
　３ページ目には「儀式」。
　４ページ目には「信仰」。
　５ページ目には「規則」。
　６ページ目には「シンボルとルーン文字」。
　７ページ目には「影の書」と書いていきます。

　以下の章を読みながら、これらの紙を使って、大まかなメモを取ってください。いずれ、それぞれのテーマについてあなたの考えを書いたりメモを取ったりするのに、もっと多くのページが必要になるでしょうが、とりあえず、これでよいスタートが切れます。重要なのは、とにかく考えを文字にして書くということです。これが最終的に、儀式、信仰、規則などへ発展していきます。ウイッカの宗派は、かすみのようなつかみどころのないものではありません。きちんとした仕様をもったものなので、ウイッカの宗派を作るなら、まずこうした仕様を決めなくてはなりません。
　ウイッカは、何でもありの信仰ではありません。真のウイッカの宗派は、ウイッカのしきたりに基づいたものであるべきです。個人の感性で変えられる余地はかなりありますが、ウイッカの根幹となる部分は無視できません。このことははっきり指摘しておきます。
　次の章では、ウイッカの宗派を作るための１つの手法を詳しく述べて

13 新しい道をつくる

いきます。これがしっくりきたら、好きに使ってもらってかまいませんし、しっくりこなかったら、使わなくていいのです。それに、新しいやり方を始めたいと思わないなら、始めなくてもいいのです。自分でウイッカの宗派を作るというのは、わくわくすることですし、やりがいのあることです。あなたの精神性を表現する手段であるだけでなく、精神性自体を定義するプロセスでもあります。つまり、自己発見の旅なのです。

14 *Deity Concepts* 神の概念

　神なしには、いかなる宗教も存在しなかったことでしょう。あなたは個人的に、自分の宗派の神の概念を、どのように定義するでしょう？ ウイッカはそれぞれが、女神と男神について自分なりの概念をもっています。私たちは個人的体験、女神や男神との交流、調査を通して、この概念を確立しました。言うまでもなく、このようなイメージが、あなたの新しい宗派の神の概念の基礎を形成します。調査も助けになるでしょう（本章の最後に掲載した推薦図書を参照してください）。あとで述べますが、あなたの宗派における神の性質もまた、きわめて重要な要素です。

女神と男神

　崇拝は宗教の核心部分であり、女神と男神に関するあなたの概念を形成することは大切です。もしこれまで、あなたにとって、女神と男神が幽界にいる祖父母、あるいはパワーはあってもかすみのような存在だったのなら、彼らを地上へ降ろすべき時かもしれません。

　以下に述べることをもとに、女神と男神に対するあなたの概念を鮮明にしていきましょう。本章の最後の推薦図書や、あなたのスピリチュアルな体験と合わせると、女神と男神への理解が大いに深まることでしょ

う^(注1)。

女神

　女神とは、まさにすべてです。あらゆるパワーであり、あらゆる知恵、あらゆる愛、あらゆる肥沃、あらゆる創造性です。この宇宙を創造し、私たちの人生を形成した、育む力であるとともに破壊する力でもあります。

　女神はすべてである、というのが、あなたの女神の概念かもしれません。それでも、女神と十分につながるためには、女神のシンボルと、女神の具体的な顕現のしるしを決める必要があります。言い換えれば、女神の電話番号を知る必要があります。それは、女神のパワーを表現したもので、それを決めれば、儀式で女神と容易にコミュニケーションがとれるようになります。

　以下は、女神の属性のほんの一部をリストアップしたものです。これらは女神のいくつかの側面にすぎず、完全なリストからはほど遠いものとご理解ください。それでも、女神の性質を決める手がかりになると思います。

- 宇宙の女神。
  星の女神。
  銀河の女神。
  万物の女神。

(注1) 最近まで、ウイッカには女神と男神に関する教義がほとんどありませんでした。私たちは教えられた数少ない神話、口伝えの教え、個人的体験、それに他のウイッカンから得た手がかりからそれらしきものを拾い集めたものですが、個人的体験を除いて、自分の神の概念の基礎となるものはほとんど皆無でした。しかし、今日では、新たな調査や、一般の女神崇拝や紀元前の宗教への関心によって多くの情報が提供され、そのいくつかを使ってウイッカという背景の中で枠組みを作ることができます。巻末の参考図書を参照のこと。

- 月の女神。
  満ちていく月（上弦の月）の女神。
  満月の女神。
  欠けていく月（下弦の月）の女神。

- 大地の女神。
  大地の肥沃と植物の女神。
  動物の女神。
  嵐、地震、火山活動の女神。
  小雨、泉、川、湖、海、大海原の女神。

- 新鮮さ、刷新、発端、約束、可能性の女神。
- 出産、母親、育児の女神。
- 愛、美、慈悲の女神。
- 癒しの女神。
- 予知の女神。
- 魔術の女神。
- 知恵の女神。
- パワーの女神。
- 破壊、報復、戦争の女神[注2]。

　実際、ウイッカの女神の概念のほとんどは、これらの側面をさまざまに組み合わせたものをもとに構築されています。このことは、女神があらゆるものと結びついていることを示しており、その最も近いシンボ

(注2) 他にもさまざまなタイプの女神が存在することは承知しています。しかしながら、現代のウイッカで崇拝されているか、あるいは認知されているものに限定しました。ペイガンは必ずしもウイッカとは言えません。

ルは、月と、私たちが踏みしめている大地です。ほとんどのウイッカンは、女神が出産、癒し、愛において、困ったときに知恵を与え、魔法のエネルギーを送る役割を果たしていると考えています。

　女神の概念の1つは、よく知られている「三重の女神（triple Goddess）」（月相に関連した呼び名）としてのものです。女神は、新月として新鮮さ（乙女の相）と、満月として母親、出産（母親の相）と、そして下限の月として知恵、繁栄、予知、魔術、破壊、報復（知恵の源である老婆の相）と緊密に結びついています。私はおこがましくも「三相の女神（Goddess of the three aspects）」という呼び名をつけたのですが、この名は女性の人生やサイクルに直接結びついているため、ウイッカの内でも外でもひじょうにポピュラーになりました（推薦図書参照）。ウイッカンの中には、これが昔も今も女神の唯一の概念だと思っている人もいるようです。まったくそうではないのですが、現在のところ、きわめてポピュラーなウイッカの型になっています。

　ほとんどのウイッカンは、女神には暗黒の面もあることを知っています。これは自然を見れば明らかで、嵐や地震がすぐ思い浮かびます。しかしながら、私たちはこの面には目を向けないと決め、そういう目的では女神に祈りを捧げたりはしません。現実を見てみましょう。私たちはこれ以上世の中に破壊や暴力をもたらされることを、決して望んでいません。もし女神にそのつもりがあるなら、それは仕方がないですが、人間は望んでいないのです。

　ウイッカのワークを行うとき、私たちは女神の高揚感をもたらす面に目を向けます。そうしないと、惨めさや絶望を味わうことになるでしょう。この宗教が精神的な爽快感、希望や愛をもたらすものであるなら、私たちは、愛、慈悲、養育、奇跡の存在としての女神に焦点を合わせるべきです。私は戦いの女王としてより、こうした存在としての女神を崇拝したいと思います。私は戦士ではありませんし、人間はすでにあまりに多くの戦争をしてきました。私はたとえ間接的にでも、戦争をけしか

けるようなことはしたくありません^(注3)。

　私のリストに含まれていない面の1つは、運命の女神です。ウイッカンが運命の女神に呼びかけることはめったにありません。私たちは予定説〔訳注：誰が救済されるかは、あらかじめ神によって定められているとする説〕を信じていないからです。もし信じているなら、人生を変えるために魔術を行ったりしないでしょう。効果がないのは明らかだからです。しかしながら、ウイッカンの中には、こう主張する人もいるでしょう。女神は、実際には私たちのために計画をもっていて、私たちに学ぶべき教訓を、優しく、ときには容赦なく思い出させる状況を設定するが、それは苦難の中で正しい決断ができるよう、私たちを揺さぶるためのものなのだと。このように考えると、女神はまさに運命の女神と言えるでしょうが、一般的な認識はそうではないのです。私たちは女神の意思のままに行動するわけではありません。女神はつねに選択肢を与え、私たちが間違った道を選ぶと、無残な失敗をするのです。

　女神は、ほとんどのウイッカンから、癒し、愛、慈悲、予知の女神として崇拝されています。中には、少なくともこれらの属性のどれかを必要とする場合に、例えば「癒しの女神よ」などと呼びかける人もいます。しかしながら、女神はつねに愛と思いやりの女神なので、女神に向けて癒しの儀式を行えば、女神の祝福を受けるでしょう。

　これから、女神がになうさまざまな役割について述べていきます。あなたはすでに、瞑想や夢の中で、あるいは儀式の間に、女神を見たことがあるかもしれません。もしそうなら、女神がどんな姿で現れたか考えてください。女神には千もの姿があるので、あなたの前にどんな姿で現れたかは、これから女神とつながるための貴重なツールになります。

(注3) とくに厳格なウイッカの行事を行っていない人の中には、私の意見に異を唱える人も多いかと思います。そう、やがて正義の女神に救いを求める日がくるかもしれません。しかし、このような崇拝は、落胆を招くもので、危険でさえあります。女神のこの側面に救いを求めるべきなのは、悪事について完全に潔白である人だけです。正義の女神は悪事を働いた人に、たとえその人が崇拝者であっても、正義をもたらすことでしょう。これに関しては、慎重に考慮してください。

まだ女神の姿を目にしたことがない人も、落胆する必要はありません（多くのウイッカンがそうです）。いつか会えますから。そのときを待っている間に、女神のイメージを、あなたの女神に対する感情、直感、知覚を使って描いてみましょう（このプロセスを女神はひそかに手助けしてくださるかもしれません）。ウイッカンの中には、かなり具体的な姿を見た人もいます。

「丸みをおびた体つきで、小麦色の髪、海のようなブルーの瞳、肥沃な黒土のような肌をした女神らしき裸の女性が、伸ばした両手に花を抱えて木の下に立ち、ほほ笑んでいるのを見ました」。

「私が見た女神は、月のように青ざめた、神聖な存在でした。その肌は乳白色で（月光に照らされていたため）、体が透けて見える白い、半透明のローブを身につけていました。その体は月の相が変わるにつれて形を変えました。首には真珠とムーンストーンのネックレスを、額には三日月の飾りをつけていました。髪は白（あるいは銀色かブロンド）で、輝く月を両手の間で投げていました」。

「女神は亡くなった祖母の姿で現れました。祖母が自分で縫った古風な服を着て、壁のない家の中で、柳の枝を燃やした焚き火のそばで揺り椅子に座っていたのです。紺色の布に宇宙の図柄をゆっくりと刺しゅうしていました。そして、足元のすり切れた敷物に座っている私に、すべての秘密を教えてくれました。女神は老婆の姿でした」。

これらはきわめて個人的な女神のビジョンです。どれも間違いではありません。ウイッカンはこれらを含め、女神のさまざまな姿を、受け入れています。

ウイッカンの概念の中には、他の文化における女神の概念に近いものもあります。「私は狩猟の女神アルテミスの姿をした女神を見ました」。「私はクモの祖母（スパイダー・グランドマザー）〔訳注：ネイティブアメリカンの民話では世界を創ったとされている〕の姿をした女神を見ました」。「私は月の女神ダイアナの……」、「古代エジプトの女神イシスの……」、

「月と魔術の女神ヘカテの……」(多くの書物では、さまざまな女神の像の写真を見ることができます。本章の最後に掲載した推薦図書を参照のこと)。

　ここでも、あなたは女神の存在を感じるだけで十分です。すでに心に抱く女神のイメージがあるなら(あるいは、女神がすでにあなたに姿を見せたことがあるなら)、それは結構なことです。そうでない人は、儀式、祈り、あるいは夢の中でも、女神の姿を見てみたいと思うかもしれません。

　1つ警告しておきます。もしあなたがすでに女神の明確なイメージを抱いているなら、あるいはすでに女神の様相を決めているなら、ここで述べたような情報によってそれを変えてはいけません。あなたが見つけた姿を大切にしてください。それはめったにあることではなく、貴重なものなのです。

　神をシンボルで表すことは、あなたの女神に対する考え方を形成するもう1つの側面です。これには、礼拝の際に使うものと、直接的あるいは間接的に女神に言及するときに使うものがあります。それはある部分、あなたが女神をどのように理解しているかによって決まります。女神がおもに月と結びついているなら、大地を表すシンボルは似つかわしくありません。前に女神のタイプを列挙しましたが、そのシンボルの例を挙げておきますので、儀式、詩、チャント、祈祷文の構想を練るときに使ってください。

- 宇宙の女神 (暗黒、黒い布、星、夜、虚空、大釜〔カルドロン〕、夜開く花、フクロウ)。

- 月の女神 (三日月、真珠、ムーンストーン、鏡、銀、もろ刃の斧〔ラブリス〕)。

- 大地の女神 (果物、植物 (とくに穀類)、豊饒、わら編み人形〔コーン・ドリー〕。動物 (ネコ、イルカ、ライオン、馬、イヌ、ハチなど)、純水、海辺で集めた貝殻、カップ、盃〔チャリス〕、大釜〔カルドロン〕、エメラルド)。

- 新鮮さ・刷新・発端・約束・可能性の女神（開墾されていない野原、卵、春、新月）。

- 出産・母親・育児の女神（満月、穴のある石（円形あるいは楕円形のもの）、赤ちゃん）。

- 愛・美・慈悲の女神（鏡、心臓、花、ハチミツ）。

- 癒しの女神（清めの水、パワーが流れる手）。

- 予知の女神（水晶、霊能力の自覚、洞窟、裸体、水たまり）。

- 魔術の女神（あらゆる魔術のツール、剣、アサメイ（儀式用ナイフ）、紡錘（スピンドル）、火、大釜（カルドロン））。

- 知恵の女神（火、書物、フクロウ、下弦の月（欠けていく月））。

　実際の儀式には、このようなシンボルは使わないかもしれませんが、儀式の祈祷文を書くときに利用できることを心に留めておきましょう。これらのツールを入れると、祈祷文はすぐさまあなたと女神を直接つないでくれます。これ以外の多くのシンボルやツールは、女神の全体、あるいは特定の面と関連しています。

男神

　男神は、ほとんどのウイッカンの心の中に、同じようなイメージで存在しています。もし男神がいなければ、この世界は荒涼とした、不毛の冷たい世界になっていたことでしょう。ほとんどのウイッカンは、男神

に対しては、女神に対するように感情的に反応しませんが、窮地に陥ったとき（とくに加護を求めるとき）には、必ず男神に呼びかけます。以下に、ウイッカの思想における男神の属性を挙げておきます。

- 太陽の男神。
- 生殖（すなわちセックス）の男神。
- 大地の男神。
  野生動物の男神。
  農作物の男神。
  砂漠、平原、峡谷の男神。
- 夏の男神。
- 狩猟の男神。
- 死と再生の男神。
- 報復、戦争、いさかいの男神。

　このリストには、ウイッカの思想における男神の主要な側面がかなりうまく要約されていると思います。男神の側面については、女神の側面ほど認識が蓄積されていません。男神には、まだウイッカンに認識されていない側面が、他にもたくさんあるのは間違いありません（例えば、道具の発明者、競争の監督者など）。そのため、男神が登場するウイッカの神話から得られる情報はあまり多くありません。

　本の著者の中には、この空白を「オークの王」や「アイビーの王」に関する儀式や神話で埋めようとした人もいました（推薦図書参照）。しかしながら、私はほとんど知識がないので、興味のある読者のために、ぴったりのファーラー夫妻の本を紹介しておきます（推薦図書参照）。

　ここでは率直にお話ししましょう。女神は男神より愛情深く、思いやりと気遣いにあふれているように見えます。男神が悪いわけではないのに、彼はウイッカの儀式以外では近寄りがたく、儀式においてさえ、型

にはまった祈りを必要とするように見えます。これは人間として自然な反応で、ウイッカでも同じです。そして、このことによっても、男神に関する情報不足は簡単に説明がつきます。

　この背景にある理由を見つけるのは、難しいことではありません。多くの新米ウイッカンが、男神は近づきがたいと感じています。彼らはそれまでずっと、神は1人しかいないと教えられてきました。男神は嫉妬深く、憤っていて、人間はみな最後には暗黒の世界へ堕ちていき、死後も苦しむことになると断言します。多くの子供は感じやすい年頃に、その脳裏に憤怒の表情の躍動的な絵が刷りこまれます。こうした子供たちが成長し、ウイッカに入会したとしても、この男神の概念は長く記憶にこびりつき、消すことは難しいのです。

　このことから、フェミニストの中には、女神だけを崇拝したいと思う人がいます。その多くは、率直に言って、男性的な精神構造はもううんざりだと思っていて、ウイッカで男神と同調したいと思わないのです。女神を崇拝することで満ち足りていて、女神と男神のための儀式を、女神だけの儀式に翻案しようとするときは別として、ウイッカの儀式において、女神だけを崇拝することにほとんど不都合を感じません。

　男神は、2千年にわたる誇張された家父長制度のせいで悪名を与えられ、イエス・キリストがかつて説いたとされる道を大きく外れてしまいました。宗教組織は、男性の神の概念を、怒れる存在へと変容させ、その信奉者は文明全体を崩壊させ、何百という文化を破壊しました。聖戦においては神の御名のもとに何百万人もの人々が殺され、神の代理人は、女性は聖職に就くべきでないと繰り返し言明しました。神は女性ではなく、女性は神とは調和できないからと言うのです。男性の神が男性優位の世界を統治し、そこでは男性が長きにわたって女性を支配し、征服し、虐待する口実として宗教を使用してきました。

　人類の短い歴史の中で、この長く、悲惨な、許しがたい暴虐の時代に、男性神にはネガティブな恐ろしいイメージが植えつけられました。私た

ちは復讐と戦争の神としてしか、男神を知らないのです。実際、この神は信奉者には寛大ですが、自分を崇拝しない者や、崇拝対象を自分だけに限定しない者には、他の人生や逃亡の希望もなく、火と拷問の地獄で永遠に過ごす運命を与えます。

　それを考えると、多くの新米ウイッカンが、少なくともウイッカに入会した当初は、ウイッカの男神の概念に違和感を覚えることも驚くには当たりません。女性の中には、きわめて困難な時代を生きてきた人もいます。女性を受け入れ、自分の内面のパワーとスピリチュアルな力を認識させてくれ、その力によってリーダーとして儀式に参加でき、信じられないことに、実際に女神を崇拝する宗教を見つけて、そんな女性たちは、驚き、喜ぶことでしょう。しかし、一方で、男神を儀式に招き入れることは、どうしてもできないのです。20年、30年、あるいは40年にわたる男神のネガティブなイメージは、なかなか忘れられるものではありません。

　ウイッカンの中には、最終的には女神と男神の両方を崇拝することに慣れ、困難だと思わなくなる人もいますが、やはり女神だけを崇拝しようと決断する人もいます（これはその方の個人的決断です。とはいっても、やはりもう一度、公式見解を述べておきましょう。ウイッカは女神と男神の両方を崇拝する宗教です）。

　私の体験から言うと、それまで他の宗教を信仰したことがないままウイッカへ入会した人は、儀式に男神を含めることに抵抗は感じません。さらに、伝統的な宗教的背景からやってきた人も、男神の概念に抵抗はないようです。

　昔ながらの、トラディショナルなウイッカンになるためには、儀式において両方の神を称えるべきです。そのためには、男神の存在とその属性に対する認識を拡大して、男神を再発見する必要があります。以下に、そのための考え方をいくつか挙げておきます。

　男神は女性嫌いだと思っていますか？　そうではなく、男神は女神が

その腕の中に迎え入れた存在だと考えてください。何千人ものプリースティスが毎日男神を崇拝しています。女性の権利の推進への助力を求めて祈りを捧げましょう。神が自分の娘を憎むなどという概念があるかどうか、自問してみてください。

　男神は死をもたらす者だと思っていますか？　死はいつか必ずやってくるものであり、女神が私たちに再生をもたらすことを忘れないでください。

　男神は戦争をもたらす者だと思っていますか？　男性がこの目的のために、男神の暗黒面を利用しただけだということを思い出してください。それでも、宗教的原因から起こった戦争はほとんどありません。その主要な動機は政治と金です。宗教はその口実に使われるだけなのです。

　男神を裁判官だと、人間の魂を地獄へ落とす者だと思っていますか？ウイッカンは地獄の存在は信じていません。私たちをどこかへ落とす者などいませんし、神は私たちを無条件に愛しています。

　男神を、大地をうろつく恐ろしい、不可知の霊だと思っていますか？そうではなく、あなたの男友だちの顔や幼い少年の目の中に、男神を探してみましょう。焼き立てのパン、ブドウの房、雪をかぶってそびえ立つ山、そして、大地を温め、人間に食べ物や生きるのに必要なあらゆる道具を与えてくれる太陽の中に、男神を探してみましょう。

　これらの考え方が、男神とつながるのは難しいと感じている人の助けとなれば幸いです。これは重大な問題ですし、今日女神の精神性ばかりが広く受け入れられている理由の1つです。何世紀にもわたって、男性は寛大な生殖の男神を、血に飢えた怪物に変えてしまいました。このようなイメージを消し去って、男神のそれ以外の面に集中しましょう。

　あなたは、幻、夢、瞑想において、男神を見たかもしれません。儀式の間に、インセンスの煙の中に姿を現したかもしれません。そうでなければ、まだあなたの目には見えていないのかもしれません。以下は、ウイッカが視覚化した男神の姿です。

「裸で丘の上に立っていました。肌は日差しを浴びて、赤茶色に見えました。長い髪は黒く、顎も頬もひげは剃ってありませんでした。手にはキラキラ光る金色のナイフが握られていて、足元には穀物や野菜が山のように積まれていました」。

「質素な茶色のチュニックを着て、片手には赤ん坊を、もう片手には老女を抱えていました。あごひげにはドライフラワー───生殖とその終末の象徴───が、からまっていました。光と影の間に立っていました」。

「毛皮を身にまとい、裸足で立っていました。木々が茂る森の中で見たとき、頭に角を生やし、雄ジカを従えていました。弓を肩にかけ、手に槍をもっていました。好戦的な表情を優しげな目が和らげていました」。

ここでも、何人かの人が他の文化の概念を表す姿で、神を見ています。「私はパン〔訳注:ギリシャ神話の牧羊神〕の姿をした男神を見ました」。「男神は祖父の姿で私の前に現れました」。「伝説のブリテン王ベリヌスの姿で……」、「エジプトのオシリスの姿で……」、「アポロの姿で……」。

ウイッカンが儀式や詩を作るときに使う、男神のシンボルがあります。ご想像の通り、女神のシンボルより数は少ないです。

- 太陽の男神（太陽、金、銅、焚き火、キャンドル）
- 生殖の男神（ドングリ、松ぼっくり、棒）
- 大地の男神（穀物、石、峡谷、種、森、雄牛、ヘビ、魚：オオカミ、鷲、トカゲ）
- 夏の男神（あかあかと燃える炎、日光、南）
- 狩猟の男神（角、槍、矢筒、弓、矢）
- 死と再生の男神（日没、冬、ザクロ、枯れ葉、鎌、夜、西）
- 報復・戦争・いさかいの男神（この属性には祈願しないのが一番です）

男神は女神と同様、現代のペイガニズムの一部になっていることを思い出してください。あなたがその恐ろしい属性に目を向けようとしない

限り、男神は恐ろしい存在ではありません（これは女神にも言えることです）。男神は慈悲の権化であり、人を思いやり、育む、男性性の権化なのですが、あなたは自分でそれに気づくしかありません。

あとがき

　こうして女神や男神の姿を見た体験談を載せることで、取り残されたような思いをしている人がいるのではないかと気になっています。心配はいりません。「見た」という言葉を使いましたが、完全に目覚めていたとき、部屋の中で目の前に女神が立っていたというわけではないのです。そこまでの視覚化はめったにないことなので、そんな体験をじっと待つ必要はありません。

　異なる意識状態の間に、女神や男神の姿を見るもっとよい機会があります。魔法円の中で儀式の意識状態になっているときのほうが、女神や男神の姿を見る可能性ははるかに高いです。前にも述べましたが、夢や瞑想の間にその姿を垣間見ることもあります。

　私が初めて女神を見たのは、魔法円の中でした。祭壇の前に座り、女神を思いながら瞑想していました。確かに姿を見たのですが、女神や男神の姿は、目を使って見るものだと思わないでください。女神と男神があなたの前に現れたときの姿は、他の人の前に現れる姿とはまったく違うかもしれないのです。

推薦図書

　（ここに挙げた書籍に関連するさらなる出版物の情報は、巻末の「参考図書」を参照してください。）〔訳注：とくに断りのない場合、以下の図書のページの表記は原書のものです。〕

女神

　とにかく関連書籍が多すぎて、全部リストアップすることはできませんし、毎日新たに本が出版されています。新しく出版された女神に関する本の多くは、性質上ウイッカのものとは言えません。ここでは、おもにウイッカの女神に関する書籍（またはウイッカの思想に多大な影響を与えたもの）にかぎり紹介したいと思います。多岐にわたる他のタイトルについては、新しい書店ならほとんど見かける女性学のセクションをチェックしてください。

- ファーラー夫妻（Janet & Stewart Farrar）著、"The Witches' Goddess"〈魔女の女神〉

- ロバート・グレーブス（Robert Graves）著、"The White Goddess"〈白い女神〉：女神の解釈、詩、神話の情報を収集した書籍で、現代のウイッカに多大な影響を与えました。

- エーリッヒ・ノイマン（Erich Neumann）、"The Great Mother: An Analysis of the Archetype"——邦訳『グレート・マザー——無意識の女性像の現象学』（福嶋 章訳、ナツメ社、1982年）：ユング説に基づく女神観。膨大な数の女神像の写真が掲載されている。

- バーバラ・ウォーカー（Barbara Walker）著、"The Women's Encyclopedia of Myths and Secrets"——邦訳『神話・伝承辞典 - 失われた女神たちの復権』（山下主一郎ほか訳、大修館書店、1988年）：ウォーカー氏の調査の多くは、情報源がきわめて疑わしいですが、本書には女性と女神に対する百科事典的価値があります。

男神

- ファーラー夫妻著、"Eight Sabbats for Witches"――邦訳『サバトの秘儀（魔女たちの世紀５）』（秋端 勉監修、ヘイズ中村訳、国書刊行会、1997年）：本書の中には、オークの王やヒイラギの王に関する情報が散見されます。

- ファーラー夫妻著 "The Witches' God"〈魔女の男神〉：オークの王とヒイラギの王に関する情報がp.35-38に掲載されています。

- スターホーク（Starhawk）著、"The Spiral Dance"――邦訳『聖魔女術－スパイラル・ダンス（魔女たちの世紀１）』（鏡リュウジ、北川達夫訳、国書刊行会、1994年）：本書のp.93-107に、男神のフェミニズム的見解が提示されています。

- スコット・カニンガム著、"Wicca: A Guide for the Solitary Practitioner"――邦訳『魔女の教科書－自然のパワーで幸せを呼ぶウイッカの魔法入門』（佐藤美保訳、パンローリング、2015年）：p.12-14。

15 ツール、祭壇、衣服、儀式の宝石
Tools, Altars, Dress, and Ritual Jewelry

ツール

ほとんどのウイッカの宗派は同じツールを使いますが、いくつか追加して使うグループもあります。ウイッカの儀式では、ツールはほぼ決められているので、新しく作る宗派でどのツールを使うべきか決めるのに、時間を費やす必要はありません。それでも、これらのツールの形、ツールに象徴させるもの、儀式での使い方は、自分で決めることができます。

参考のために、主要なウイッカのツールを挙げておきます。

- **女神と男神をイメージするもの**。多くの宗派では祭壇の上に飾ります。このイメージにはさまざまな種類があります。キャンドルだけを使う宗派もあれば、女神と男神を表す自然にあるものを使う宗派もあります。また、手作りの彫像や絵を使う宗派もあります。本物の粘土はオーブンで焼くと非常に硬くなるので、それを使ってあなたならではの女神と男神の像を作るのもいいですね（考古学の本に、デザインのよいアイデアが見つかるかもしれません）。

- **「影の書」**。この手書きの本にはウイッカの伝統の核心、すなわち儀式、規則、魔術のテクニックなどの情報が記載されています（第

21章参照)。

- **アサメイ（儀式用ナイフ）**。魔法円を描くとき、これでエネルギーの方向を示します。

- **香炉**。この中でインセンスやハーブを燃やし、女神と男神を招き、儀式の場を清めます（使い終わったインセンスを入れるための小さな箱かボウル、瓶も使われます）。

- **カップ（または盃〈チャリス〉）**。儀式に使うワイン、水などの液体を入れます。

- **白い柄のナイフ**。これは魔法円の中でも外でも、あるいは魔法円がない場合でも、実際にものを切るのに使います。

- **塩**。一般に魔法円を描いたり、ツールを聖別したりするときに使います。

- **水**。魔法円を浄化するときに使います。

- **ペンタクル（五芒星形）**。星型５角形のシンボルがついた平たい円盤または板です。

- **杖**。伝統的なツールで、一般にパワーを高めるときや、魔法円に何らかの存在を招くときに使います。

ここにツールをリストアップしたのは、これがウイッカに不可欠な部分であり、あらゆるウイッカの宗派が、全部ではないにしろ、このほとんどを使っているからです。なぜでしょう？　ツールはウイッカの外的

な面の1つで、私たちはそれによってこの宗教を定義します。もしこうしたツールをまったく使わない宗派を作ったとしたら、それはウイッカではありません。ですから、あなたがわが道を行くと決めたわけではないのなら、ツールを使うべきです。

これ以外のツールは、あまり広く使われていませんが、適切だと思うなら、あなたの宗派に取り入れてもかまいません。

- **大釜**(カルドロン)。ウイッカンの中には、大釜(カルドロン)を女神の象徴として使う人もいて、儀式では中央に置かれます。大釜(カルドロン)の中に火をともす場合もあります。

- **ベル**。ベルは儀式のなかで、必要なときに鳴らします。

- **ほうき**。私の最初の先生は、儀式の前にはいつも、儀式のエリアをほうきで清めていました。

- **コード**。初心者のグループには重要なもので、グループ内ではコードは愛のきずなとメンバーが共有する責任を象徴します。コードはイニシエーションの儀式でも使われます。ソロのウイッカンもコードを使いますが、いつも祭壇に置く必要はありません。コードは本当のところ、カヴンの行事のツールなのです。

- **祭壇のクロス**。ウイッカの宗派の中には、祭壇にかけるクロスの色が規定されているところもあります。こうしたクロスには、何らかのデザイン（五芒星形など）が刺しゅうされたり、描かれたりしています。でも多くの宗派では、クロスは使いません（私の最初の先生は、満月にはいつも祭壇に白いクロスを使っていました。正直なところ、サバトにクロスを使っていたかどうかは覚えていません(何しろ21年も前のことですから)。

このリストに含まれていないツールはまだ他にもあります。すぐに思い浮かぶのは、儀式用のオイルを入れる瓶、キャンドルの芯切りばさみ、インセンス計量スプーン、剣などです。他にも、その時々で、祭壇には、花や季節の植物、スケッチやルーン文字、魔術に使う写真などを飾ります。

　あなたの新しい宗派でどんなツールを使うかを決める際には、自分の経験に頼りましょう。書物に頼ると、ある本にはアサメイは両刃のものがいいと書いてあり、別の本には片刃がいいと書いてあります。ある本にはアサメイの刃は鋭くなくてはならないと書いてあるのに、別の本には刃は鈍くてもいいと書いてあります。あなたはどれが自分に合っているか、決めなくてはなりません。自分で決めて、それを守りましょう。

　こうして決めたことは、きちんと書き留めておきます。最初は大まかなメモでかまいませんが、最終的にはあなたの「影の書」に書いておきましょう（第21章参照）。あなたの「影の書」に、「アサメイ――両刃、パワーの方向示すのに使う黒い柄のナイフ。刃は鋭くなくてもいい」のように記入します。これは、後にあなたの宗派の一部になるでしょう。

祭壇

　あなたの宗教的行事の中心となるものとしては、祭壇が一番重要です。祭壇に載せるツールの重要性や適切な配置に関してはさまざまな説があります。それでも、祭壇が重要だということについては、まず異論はありません。ここでも、必ずしも祭壇がウイッカンを作るわけではありませんが、祭壇の使い方は、ウイッカの実践のあり方を決める尺度の1つと言えます。

　月明かりに照らされた森で、あるいは砂漠で夕陽を見つめながら、青々とした草原に寝転びながら、思いつきで儀式を行うのがどれほど楽しくても、体系立った儀式は長年にわたるウイッカの伝統の重要な要素であり、これは（たいていの場合）祭壇を使って行われます。

祭壇のデザインや配置については多くの書物に書かれているので、それを参考にあなたの形を作りましょう。ウイッカの宗派の大部分は独自にアレンジした祭壇を使っているので、あなたの宗派もそうすればいいでしょう。以下に基本をいくつか示しておきます。

- 祭壇はつねに円形です。祭壇はつねに正方形です。祭壇はつねに長方形です。祭壇はどんな形でもかまいません。これは、祭壇の適切な形に関するウイッカの考えをまとめたものです。いろいろな形がありますが、多くの宗派は、女神を象徴するために、円形の祭壇を使っています。でも、自分で決めればいいです。

- 女神の像やシンボルは祭壇の前に立って左側に、男神の像は右側に置くことが多いです。

- 女神に関するツール（盃〔チャリス〕、ベル、シストラム〔訳注：巫女が使う打楽器〕、ほうき、大釜〔カルドロン〕）は一般に祭壇の左側に置かれ、男神に関するツール（件、杖、白い柄のナイフ、塩が入ったボウル、香炉）は右側に置かれます。それ以外のツール（ペンタクル、香炉、新鮮な花や植物）は中央に置かれることが多いようです。

- 地・風・火・水の4つのエレメントを考慮に入れた、まったく別の方法によるアレンジもあります。地のエレメントに関するツール（ペンタクル、塩）は北に、香炉とインセンスは風を表す西に、赤いキャンドルは火を表す南に、水が入ったボウル、盃〔チャリス〕、大釜〔カルドロン〕、ベル、その他のツールは水を表す西に置きます（これと上記のシステムは同時に使ってはいけません。また、どちらが正しいということはありません）。

- キャンドルは、普通は祭壇の後方など、簡単に消えない場所に置きます。

- 祭壇に、あなたの「影の書」を開いて置けるスペースを残しておきましょう。もしスペースがなければ、儀式の間「影の書」を置くための小さな台を作るか見つけておきましょう。儀式の手順は覚えておくべきですが、記憶違いは誰にでもあることなので、手元に虎の巻を置いておきましょう。

- 祭壇は神聖なものです。女神と男神がその中に住んでおられるわけではないですが、私たちは祭壇とそこに置かれたツールを、スピリチュアルな目的で使うからです。ですから、祭壇には、魔法円の中で行われるウイッカの儀式と魔術的な儀式に直接関連するものだけを置くようにしましょう。

- 儀式のあとで、祭壇を別の目的（例えば、コーヒーテーブルとして）で使ってもかまいませんが、そのときはもう祭壇ではありません。祭壇になるのは、この宗教のツールを置き、儀式の中心として使う場合のみです。

　これらの一般的な注意点を念頭に置き、他のウイッカの書物に載っている祭壇のデザインの見本から学ぶことで、あなたは自分の宗派に適したデザインを考え出すことができるでしょう。「影の書」に祭壇のデザインのスケッチや略図を記入しておきましょう。
　そのアレンジに対して「なぜそうしたか」をきちんと理解できていることが大切です。アサメイを女神の像の真正面に、刃先を像に向けて置くのなら、そうすると決めた理由が明らかになっていなければなりません。

衣服

ウイッカンの多くは、礼拝用に特別な衣服（ローブ）を身につけます。このような衣服は、儀式に参加するとき専用のものなので、簡素なものがふさわしいでしょう。シンボルや刺しゅうがついているものでもかまいません。

裸で礼拝を行うウイッカンもいます。これは個人が決めることです。裸で儀式を行うソロのウイッカンは、ローブは無用だと思うかもしれませんが、それでも気が変わったときや、ローブを身につける儀式に招かれたときのために、もっておいたほうがいいと思います。そういうことはよくあるのです。

ローブの型紙は生地を扱っている店などで手に入ります。自分で作るのなら、自然素材の布を使いましょう。ポリエステルなどの合成繊維で作ると、魔法円の中にいる間に暑く感じ、着心地が悪くなります。それに、自然の神とつながりにくくなるでしょう。ローブは多くのオカルトショップや通販販売でも手に入ります。

儀式用の宝石

「儀式用の宝石」とは、たとえそれが女神や男神のシンボルであっても、日常身につけている指輪やネックレスのことではありません。儀式のために、魔法円の中だけで身につけるものを指します。

ウイッカの宗派の多くでは、ネックレスは女性が儀式で身につける宝石として最もふさわしいとされています。宗派によっては、ネックレスは女神だけでなく、生まれ変わりを象徴するからです。魔法円の中では何らかのネックレスを身につけるよう、女性に要求するところもあります。

儀式ではブレスレット（一般に平たくて、ルーン文字やシンボルが刻

まれているもの）や指輪を使う宗派もあります。ちまたで言われるようなガーターは、普通は一部の宗派のハイ・プリースティスだけが身につけます。

　魔法円の中では、あなたが身につけたいと思うものを身につけてかまいません。または、特別に自分の宗派に捧げた宝石を身につけたり、魔法円の中では、ある宝石（ムーンストーンの指輪など）をいつも身につけることと「影の書」に書いたりするのもいいでしょう。あるいは、アクセサリー作りの専門家なら、ロストワックス製法でビーズのネックレスや指輪、ペンダントなど、あなたならではのアクセサリーを作るのもいいですね。

　覚えておいてほしいのは、儀式用の宝石を、魔法円の外で身につけてはいけないということです。もし身につけたら、それは特別なものではなくなり、儀式との直接的なつながりも失ってしまいます。他の宝石は一日中身につけていてもかまいませんが、儀式用の宝石に選んだものは、魔法円の中だけで使うようにしましょう。

16 Ritual Design : Part 1
儀式の様式：その1

　儀式は間違いなく、あなたが作る新しいウイッカの宗派の重要な要素です。ですから、少し時間を取って、その作り方について論じてみたいと思います。まれなケース（緊急事態など）や急に思いついて儀式を行う場合を除き、ウイッカの儀式はすべて以下のプロセスを含みます。

- 自分自身を清める。
- 場所を清める。
- 聖なる空間（祭壇も含め）を創造する。
- 祈祷を行う。
- 儀式を祝福し、エネルギーを高める。
- パワーを大地に放つ。
- 女神と男神に感謝を捧げる。
- 魔法円を閉じる。

　よくご存じだと思いますが、5番目の「儀式を祝福し、エネルギーを高める」は、すべてのウイッカの儀式で行う必要はありません。適切なときに行えばいいのです。しかし、それ以外の儀式の要素は、あなたの宗派がウイッカであるためには、絶対に欠かせません。
　もちろん、こうした必要な要素を厳守するかぎり、儀式のやり方は、

あなたが決めればいいのです。以下に挙げるのは、ソロのウイッカンが自分の基本的な儀式を作るための方法です（状況によって変更してもかまいません）。

- 自分自身を清めます（入浴するかオイルを塗ります（もしくはその両方））。

- 場所を清めます（新鮮な水をまくか、周囲を掃きます）。

- 聖なる空間（祭壇も含め）を創造します（祭壇を設置し、アサメイを使って魔法円を描き、塩、香炉、キャンドル、水を運び入れます）。

- 祈祷を行います（暗記した祈祷文か、その場で思いついた言葉で、女神と男神に祈りを捧げます）。

- 儀式を祝福します（サバトかエスバットに「影の書」に記録した儀式を行います）。

- エネルギーを高めます（このウイッカンはサバトではこのプロセスを行わないことに決めましたが、満月には魔術を行います）。

- パワーを大地に放ちます（クラッカーを食べ、ワインかミルク、または水を飲みます）。

- 女神と男神に感謝を捧げます（その場で思いついた言葉か、書き留めておいた言葉で）。

- 魔法円を閉じます（アサメイで魔法円を切り、ナイフにエネルー

を引き上げ、祭壇を片付けます)。

これはウイッカの儀式の基本的要件を満たす1つの方法です。自分のやり方を決めたら、よどみなく進行する儀式を作るためには、どのようにこれらの要素を組み合わせればいいか考えてみましょう。

エスバット

　一般的に言って、サバト(祝祭)以外の日に行われるウイッカの儀式は、すべてエスバットと呼びます。満月の儀式がエスバットですが、これだけがエスバットではありません。新月にも魔法円を作る宗派もありますが、これもエスバットです。

　エスバットを祝う理由はたくさんあります。女神と話がしたいと思い、それを行う安全な場所が魔法円以外にないという場合があります。あなたは緊急に魔術を行う必要があり(友人の病気など)、そのため魔法円を描いて、その中でパワーを高めねばなりません。そして、大部分のウイッカと同様に、穏やかな、この世のものではないような魔法円の雰囲気をもう一度体験したいと思います。これも何の問題もありません。

　エスバットの多くは、あらかじめ計画されたものではありません。それでも、ほとんどすべてのエスバットは、前述の基本的な儀式の様式に従います。しかし、1つ例外があります。儀式の祝福を行わず、魔術が行われることもあれば、行われないこともあるということです。これ以外はまったく同じです。

　満月の儀式は、少し異なります。ご存じかと思いますが、今日のウイッカで祝福される満月の儀式の大部分は、当然、満月の夜に行われます。これが不可能な場合、本当の月相の2日前までか2日後までが、満月の儀式を行ってもいい日とされています。満月のエスバットのお勧めのプランを挙げておきます。

- 浄化のための入浴をします。

- エスバットを行う部屋を、白檀（サンダルウッド）と乳香（フランキンセンス）を混ぜたものでいぶします。

- いつものツールで祭壇を作ります（エスバットのためにいつもと少し異なったやり方でアレンジするウイッカもいれば、すべての儀式を同じ形で行うウイッカもいます。追加のツール——この場合は月に関連したもの——として、祭壇にかける白いクロス、銀の置物、三日月、ムーンストーン、白い花など月を表すものを置いてもいいです）。

- 魔法円を描きます（これはサバトの儀式と同じ方法で行うのが一般的です）。

- 女神（たいていの場合、男神も）に魔法円の中に来てくれるようお願いします。

- 女神を認識し、月と結びつける、比較的長めの、華やかなチャントで女神に祈願します（とくに月に祈りを捧げるわけではありません。この祈祷の時間には、代わりに歌を歌ったり、楽器を演奏したり、ダンスを踊ったり、あるいは月のジェスチャーをしてもいいです）。

- この祈祷に続いて、月そのものや女神のイメージを思い浮かべながら瞑想するウイッカもいます（このような瞑想は、あとで行うのもいいです）。

- それから、瞑想のあと、あるいは瞑想の代わりに、より強力な月の

力を活用するために、魔術を行ってもいいです（私たちは、月から直接月のエネルギーを受け取っているとはかぎりません。しかし、月は潮の満ち引きを支配しているのと同じように、私たちの体のエネルギーの満ち引きも支配しています。満月のとき、月は私たちの体から引き出せるエネルギーの量をほんの少し増やすので、この時期に魔術を行うと、よりパワフルなものになります。満月に月経を迎えた女性は、エネルギーが２倍にも３倍にもなります）。

- エネルギーを高め、その目指すところに送ったあと、多くのウイッカンは座って瞑想したり、祈ったり、あるいはただリラックスしたりします。

- それから、ウイッカンは伝統的な三日月型のケーキ[注4]を食べたり、ワインやアップルサイダー、レモネード、ジュースを飲んだりして、現実に戻ります。

- 最後に、女神と男神に儀式に参列してくれたことを感謝し、魔法円を閉じ、祭壇のツールを丁寧に片付けます。

この一般的な満月の儀式の構成は、あなたの願望やスピリチュアルな必要に応じて、自分なりのやり方に変えてもかまいません。自分なりの満月の儀式のために、いくつかのアイデアを書き留めておきたくなりませんか。

祈祷文は多くの書物（本章の最後に掲載した推薦図書参照）から入手できます。その中から共感したものを使えばいいでしょう。しかし、満月の儀式では、女神の月の側面に対して祈るものを使いましょう。

（注4）美味しいケーキのレシピについては、『魔女の教科書』p.152（邦訳では p.117）を参照のこと。

あなたは自分なりの祈祷文を作りたいと思うかもしれません。最もよいのは韻を踏んだもの、あるいは慎重に構成され、心地よい、流れるような言葉で作られたものです。

サバト

サバトにはいくつものやり方があります。サバトの儀式に関する本を読んで、もうおわかりかと思いますが、それぞれの祝日の意味や適切な儀式のやり方については、さまざまな議論があります。特定の文化に強い影響を受けたものもあれば、きわめて一般的なものもあります。サバトの儀式のサイクルが、その宗派の女神と男神に関する神話に直接結びついているものもあれば、サバトの台本に神話的な情報がほとんど見当たらないものもあります。

いずれにせよ、公開されているサバトの儀式は、グループ用に作られたものです。ソロのウイッカンは魔法円の中の2つの場所に同時にいることはできませんから、季節の劇を演じたり、自分の言葉に自分で返事をしたりするのは、ばかばかしく感じられて、難しいでしょう。では、どうすればいいでしょう？　自分で台本を書けばいいのです。

以下のことを心に留めておいてください。

ウイッカの文化的枠組みはあいまいで、イギリスと中東が混在しており、これはサバトのテーマを決めるときに使えます（また、しばしば使われています）。例えば、ユールにおける男神（太陽）の誕生、インボルク（イモルグ）における女神の復活、オスタラにおける春の到来、女神と男神の婚姻（ベルテーン、ベルテイン）、春の到来（リーザ）、最初の収穫（ルーナサ）、2度目の収穫（メイボン、マボン）、神の死（サウィン、サーオィン）などです。

これ以外には選択肢はほとんどありません。以下に基本的なサバトの、それぞれの季節を象徴するものをリストアップしておきますから、それ

に基づいて自分の女神と男神の神話（季節、太陽、月と結びつけて）を作るといいでしょう。

- **ユール（冬至）**：冬季の再開と再生
- **インボルク**：（太陽の回帰を促すための）光の祝祭
- **オスタラ**：春の始まり
- **ベルテーン**：成熟した豊穣の回帰
- **リーザ**：偉大な魔術のパワー
- **ルーナサ**：収穫と感謝祭
- **メイボン**：２度目の収穫と神秘
- **サウィン**：夏の終わり、死者を敬う

　あなたの新しい神話では、ウイッカの伝統を考慮して、それぞれのサバトには、その時期に起こっている、実際の農業的および天文学的現象と何らかの関連をもたせるべきです。これを無視すると、夜（あるいは昼）の特別なパワーを否定することになります。すると、儀式で祝福する意味がなくなってしまうのです。言い換えると、道からあまり大きく逸れてはいけないということです。率直に言って、伝統的なサバトの象徴を活用し、この遺産を称える、新しい儀式を書くのが一番いいと思います。

　サバトの儀式の基本的な構造は、２つのパートに分けることができます。声に出して唱える言葉と、儀式的な動作です。声に出して唱える言葉は、ほとんどの場合、直接サバトに関連したものです。インボルクでは、「豊饒の女神」としての女神に祈りを捧げ、サウィンでは男神に別れを告げます。さらに、サバトで内面的な変化が起こったら、ウイッカンはその変化について語ってもいいでしょう。

　あなたの宗派を作る際に、サバトの儀式に関する書物の中から、適切な文章を抜き出して使ってもいいですし、自分の言葉で書いてもかまいません。後者のほうがいいのは確かです。書物の中に美しいサバトの祈

りや唱える言葉が見つかるので、あなたさえよければ、そして、その言葉が胸に響いたなら、新しい宗派にその言葉を取り入れてもまったく問題ないと思います。

儀式的な動作は、言葉と同じくらいサバトの重要なパートです。それぞれの祝祭でよく使われるものをいくつか挙げておきます[注5]。

- **ユール**：大釜(カルドロン)の中に火をともす。キャンドルを魔法円の中へもって入る。木々や常緑樹の鉢植えを、大地の豊饒が続くことの象徴として称える。魔法円の中に火があれば、「ユールの丸太」に火をつける。

- **インボルク**：キャンドルか松明(たいまつ)に火をつけ、魔法円の中に掲げ、普通は祭壇の決まった場所まで運ぶ。車輪のシンボルを祭壇に置く。魔法円の中で儀式を祝福し、女神と男神へ願いごとをしながら、種を鉢にまく。

- **オスタラ**：儀式の最中──前ではなく──に、魔法円の中でふさわしい言葉を唱えながら、火をともす。

- **ベルテーン**：リボンを編む（伝統的なものではなく、ソロのウイッカン用のバージョン。普通はメイポール（5月柱）のダンスを創作して踊る）。焚き火を飛び越える。角笛を吹く。

- **リーザ**：大釜(カルドロン)に花を飾る（あるいは新鮮な水と花で満たす）。大釜(カルドロン)の中に剣を突っこむ。焚き火を飛び越える。かがり火でハーブを乾燥させる。

(注5) これらの基本的な儀式の動作は、多くの「影の書」から抜粋したものです。

- **ルーナサ**：パンを食べ、炎の中へ投げ入れるか、あるいは儀式で使う。麦わらで女神の像やシンボルを編む。

- **メイボン**：女神と男神の愛の証しとして、果物を称える。儀式として葉をまき散らす。

- **サウィン**：煙が漂う中、またはキャンドルの炎、焚き火の炎のもとで水晶占いをする。死者の名を呼ぶ。死者のための儀式を行ったあと、家の外に食べ物を置く。

それぞれのサバトには、あなたの新しい宗派のサバトの儀式を作るためにも使える、関連したシンボルや特別なツールがあります。以下にいくつか挙げておきます。

- **ユール**：色は緑と赤。車輪のシンボル（リースやリースの形のものから簡単に作ることができる。創造力を使うこと）。常緑樹。ユールの丸太。小さな植物（鉢植えも可）。

- **インボルク**：色は白、緑と白、青。ディッシュ・オブ・スノー〔訳注：卵白を泡立てて生クリームと混ぜたもの〕。常緑樹。キャンドル。

- **オスタラ**：色は白。鉢植えの植物。大釜(カルドロン)あるいはかがり火。

- **ベルテーン**：色は白。新鮮な花。花で満たした大釜(カルドロン)。鏡もふさわしい。

- **リーザ**：色は白。ヨモギ。太陽を捉えるための鏡（または焚き火の炎）。

- **ルーサナ**：色は赤とオレンジ。わら編み人形(コーン・ドリー)。特別なパン。穀物。

- **メイボン**：色は赤と茶色。松ぼっくり。ドングリ。小麦。乾燥させた葉。

- **サウィン**：色は赤と黒。ザクロ。カボチャ。リンゴ。

自分の宗派のサバトの儀式を作る際に、以下のプランに従いたいと思うかもしれません。

- それぞれのサバトの名前を、別々の紙に書きます。

- それぞれのサバトの意義に関してメモを取ります（本章の最後に挙げた推薦図書を参照のこと）。

- 儀式に影響を与えるもののうち、どれがとくに重要かを決めます——1つのサバトから次のサバトへとスムーズに移行するように思えるもの。

- ユールから始めます。このサバトのために見つけた、すべての儀式について書かれた書物を読みます。そのあとで、その本の必要なページを開いたままにして、いくつかの儀式についてまとめて学びます。共通するテーマは何か？　あなたはどの構成あるいは儀式の動作を最も楽しめるか？　次に、前述の儀式の動作と儀式のシンボルのリストを読み、最もあなたの好みに合うユールの動作、シンボル、儀式の構成を選んで、「ユール」のページに書き留めます。

- このプロセスを他の7つのサバトについても行います。当然ですがこれは一晩で完成するものではありません。

- それぞれのサバトについて、書物などで見つけるか、人の言葉を拝

借するか、あるいは自分の言葉で書きます。本の中の祈祷文を借りたり、脚色したりすることをためらう必要はありません。ウイッカンが昔からやってきたことです。必要なら、ページを増やしましょう。同様に、それぞれの儀式のために選んだ言葉を記録しながら、すべてのサバトについて作業します。このプロセスを急いではいけません。これらの言葉は、きっとあなたが行うウイッカの儀式の核心となるでしょう。

- 最後に、ユールのために集めてきた要素を「合体」させて、儀式の形に整えます。あなたの儀式を書いていきましょう。シンボル、色（祭壇のクロスの色、キャンドルの色など）、言葉、儀式の動作などを含めます。このプロセスを、他のサバトにも繰り返し行います。

- 儀式を微調整します。たとえば「魔法円を描く」などといった書き忘れていた指示を加えます。

- 儀式を「影の書」に書き写し、そうしたいと思ったときに、さらに訂正や変更を加えられるように準備をしておきます。

- 最後に、翌年１年かけて儀式を適切な日時に行ってみます。

　サバトの儀式を作るには、熟慮と、調査と、時間が必要で、なかなか努力を要するプロセスです。しかし、その結果、あなたの要求を満たすよう特別に構成された、実行可能なサバトの儀式があなたのものになるのですから、努力する価値は十分にあります。自分自身のサバトの儀式を作ることは、ウイッカへの献身を示す素晴らしい方法なのです。

サバト	象徴するもの	儀式の動作	シンボル
ユール	冬の間の刷新、再生	火をともす。キャンドルを魔法円にもって入る。ユールの丸太に火をつける。	色は緑と赤。車輪のシンボル、常緑樹、ユールの丸太、小さな鉢植えの木。
インボルク	光の祝祭	キャンドルをともし、魔法円の中に掲げる。種を祝福し、車輪のシンボルを祭壇に置く	色は白、緑と白、青。ディッシュ・オブ・スノー、常緑樹、キャンドル。
オスタラ	春の始まり	儀式の最中（前ではなく）に、魔法円の中で火をともす。	色は白。鉢植えの植物、大釜あるいはかがり火。
ベルテーン	豊穣の回帰	リボンを編む。かがり火を飛び越える。角笛を吹く。	色は白。新鮮な花、花を満たした大釜、鏡。
リーザ	偉大な魔術のパワー	花で飾った大釜。大釜に突っこんだ剣。かがり火を飛び越える。ハーブを乾燥させる。	色は白。ヨモギ、日光を捉えるための鏡（または焚き火の炎）。
ルーサナ	収穫と感謝祭	パンを食べ、炎の中へ投げ入れる。麦わらで女神と男神のシンボルを編む。	色は赤とオレンジ。コーン・ドリー、特別なパン、穀物。
メイボン	2度目の収穫と神秘	果物を称える。儀式として葉をまき散らす。	色は赤と茶色。松ぼっくり、ドングリ、小麦、乾燥させた葉。
サウィン	夏の終わり、死者を敬う	キャンドルの炎や焚き火の炎のもと、煙が漂う中、水晶や鏡で占いをする。死者の名を呼ぶ。儀式のあと家の外に食べ物を置く。	色は赤と黒。ザクロ、カボチャ、リンゴ。

あとがき

　これらのガイドラインに従って、サバトやエスバットの儀式を構成していけば、基本的にはウイッカの儀式が作れるでしょう。しかしながら、こうした伝統的な型を破ると、明らかにウイッカにあらざる領域に入ることになります。

　1枚の布を裁断し、縫い合わせることで、枕カバーからテディベアや衣服まで、さまざまな大きな作品ができ上がるように、ウイッカの儀式もさまざまな形に作り上げられることでしょう。でも、もしその布からシャツを作ろうと思ったのに、袖をつけなかったら、シャツを完成させることはできません。

　着られないシャツを作らないためにも、新しいウイッカの宗派の儀式は、既存の型に従いながら、慎重に作り上げねばなりません。ウイッカの儀式の構成の縛りはきつくありませんが、あなたがウイッカを実践しつづけるつもりなら、ここで述べたような側面には従わなければいけません。

　こんなことを言って、あなたを怖がらせるつもりはありません。たしかに新しいウイッカの宗派を作ることは、困難かもしれません。細部に気を配り、少し想像力と創造力とを働かせる必要があります。しかし、いくら創造力に富んだ考えでも、ウイッカの許容範囲内におさめておくべきです。そうでなければ、新しい宗教を作ることになってしまうでしょう。

推薦図書

　（ここに挙げた書籍に関連するさらなる出版物の情報は、巻末の「参考図書」を参照してください。）〔訳注：とくに断りのない場合、以下の図書のページの表記は原書のものです。〕

エスバットに関する背景情報は、以下を参照してください。

- ドリーン・ヴァリアンテ（Doreen Valiente）著、"An ABC of Witchcraft"〈ウイッチクラフトのＡＢＣ〉、p.135-137

- ローズマリ・エレン・グィリー（Rosemary Ellen Guiley）著、"The Encyclopedia of Witches and Witchcraft"、p.113-114　──邦訳『魔女と魔術の辞典』（荒木正純ほか訳、原書房、1996年）

実際のエスバットと満月の儀式のテキストとしては、以下を参照してください。

- ドリーン・ヴァリアンテ著、"Witchcraft For Tomorrow"、p.168-170　──邦訳『魔女の聖典（魔女たちの世紀６）』（秋端 勉訳、国書刊行会、1995年）

- レイモンド・バックランド（Raymond Buckland）著、"Buckland's Complete Book of Witchcraft"、p.61-62　──邦訳『バックランドのウイッチクラフト完全ガイド』（佐藤美保訳、パンローリング、2016年）

- レイモンド・バックランド著、"The Tree"、p.50-53　──邦訳『サクソンの魔女―樹の書（魔女たちの世紀３）』（楠瀬 啓訳、国書刊行会、1995年）

- ハーマン・スレイター（Herman Slater）編、"A Book of Pagan Rituals"〈ペイガンの儀式の書〉：本書p.8-10の「一般向けのペイガンの儀式」と称される儀式は本質的にはエスバットです。p.55-57には

ペイガンが1人で行う満月の儀式が掲載されています。ただし、これらは厳密にはウイッカの儀式ではありませんので、注意してください。

- スコット・カニンガム著、"Wicca: A Guide for the Solitary Practitioner"、p.124-126　——邦訳『魔女の教科書』（既出）

サバトに関する背景情報については、以下を参照してください。

- ドリーン・ヴァリアンテ著"An ABC of Witchcraft"、p.406-408

- スチュワート・ファーラー（Stewart Farrar）著、"What Witches Do"〈魔女がしていること〉、p.95-107

- ファーラー夫妻著、"Eight Sabbats for Witches"、p.61-150　——邦訳『サバトの秘儀』（既出）

- ローズマリ・エレン・グィリー著、"The Encyclopedia of Witches and Witchcraft"、p.288-290　——邦訳『魔女と魔術の辞典』（既出）

- J・G・フレイザー（James George Frazer）著、"The Golden Bough"、p.705-763　——邦訳『金枝篇―呪術と宗教の研究』（石塚正英監修、神成利男訳、国書刊行会、2004年）：フレイザーが論じていることの多くは、ウイッカンは行っていないということを心に留めておいてください。それでも、この本に書いてあることは、古代にペイガンの火祭りが存在したことを証明しており、それが最終的に今日サバトとして知られている儀式に進化したのです。本書のこのセクションは、すべてのウイッカンの必読書です。

- C・A・バーランド（Cottie Arthur Burland）著、"Echoes of Magic"〈魔術のこだま〉：書かれていることはすべて大変興味深いです。残念なことに、本書は米国では絶版になっており、見つけることが困難です。図書館で調べてみてください――私も図書館で見つけました。

実際のサバトの台本については、以下を参照してください。

- スターホーク著、"The Spiral Dance"――邦訳『聖魔女術－スパイラル・ダンス』（既出）：本書のp.169-183には、8つのサバトの儀式が掲載されています。

- Z（スザンナ）・ブダペスト（Zsuzsanna Budapest）著、"The Holy Book of Women's Mysteries"〈女性の神秘の聖なる書〉：男神については掲載されていません。

- ファーラー夫妻著、"Eight Sabbats for Witches"、p. 61-150 ――邦訳『サバトの秘儀』（既出）

- レイモンド・バックランド著、"The Tree"――邦訳『サクソンの魔女―樹の書』（既出）：本書のp.57-77に8つのサバトの儀式の全容が掲載されています。

- ハーマン・スレイター（Herman Slater）編、"A Book of Pagan Rituals"〈ペイガンの儀式の書〉：非入会者のために書かれた本。p.23-42には、ウイッカが集団で行うサバトの儀式が掲載され、「8つの樹の祝祭」と名づけられています。p.58-79には1人で行う儀式が掲載されており、本書の人気の理由の1つです。これは厳密にはウイッカの儀式ではありませんが、きわめて近いものです。

- スコット・カニンガム著、"Wicca: A Guide for the Solitary Practitioner" ——邦訳『魔女の教科書』(既出)：本書のp.127-143には、8つの1人で行うサバトの儀式が掲載されています。

17 Ritual Design : Part 2 儀式の様式：その2

　さて、もう少し続きます。でも、気を楽にしてください。このパートは、エスバットやサバトの儀式を書くよりずっとやさしいですから。ここでは、それよりずっと単純な、儀式の形を決める方法を述べていきます。

魔法円

　ここまでで、あなたはすでに自分に合った魔法円の描き方を見つけていると思います。もしまだなら、今から決めてしまいましょう。どのツールを、どのように使えばいいか知っておくといいでしょう。書物にはさまざまな例が出ていて、魔法円の描き方については、これまでにたくさんのことが書かれています。ここでそれを繰り返しても意味がありませんから、これからはそれ以外の側面について述べていきます。

　実際に魔法円の描き方を決める際に、あなたは本に書いてある方法をそのまま使うか、あるいはそれをもとにして、自分のやり方を見つけることになります。どちらにせよ、魔法円を描くことは、重要な儀式です。できるだけ簡略に説明するために、魔法円の描き方の大部分を占めている、儀式の外面的なステップをおさらいしておきましょう。

- 周囲を浄化する。

- 祭壇を設置する。
- キャンドルとインセンスに火をともす。
- 水を聖別する。
- 塩を祝福する。
- 実際に魔術を使って、魔法円を描く。
- 魔法円の周囲に塩をまく。煙が出ている香炉を魔法円に運び入れる。炎が出ているキャンドルを魔法円に運び入れる。魔法円の周囲に水をまく（多くのウイッカンがこの形をとっていますが、魔法円を描く手段はこれだけではないことを強調しておきます）。

　あなたは魔法円の描き方を知っているだけでなく、魔法円を描く間に自分に起こっている内面的なプロセス（エネルギーの高まりと解放、視覚化、意識の変化など）にも気づかなくてはいけません。魔法円の描き方を決めたなら、それにすっかり慣れて、気持ちよく描けるようになりましょう。何も見ないで完璧に描けるようになるのがベストです。

　あなたの宗派の魔法円について、基本的概念も決めなければいけません。強度はどれくらいにしますか？　通り抜けられるものにしますか？　それとも円を離れるときのために、出入り口を切っておきますか？　ペットや子供がうっかり魔法円に入ってきたらどうしますか？　それによって魔法円はダメージを受けるでしょうか？　そんな場合は、描き直さないといけないでしょうか？

　魔法円の役割は何でしょう？　エネルギーを留めておくことですか。エネルギー以外のものを中へ入れないことですか。あるいはその両方でしょうか。あるいは、単に女神や男神と出会うためだけに円を描くのでしょうか。魔法円はすべての儀式——野外で行う場合でも——に必要でしょうか。緊急事態が起こったらどうしますか？

　こうした要件を決めれば、より強力で、有効な魔法円を作れるようになります。なぜでしょう？　あなたは魔法円の裏も表も知りつくすよう

になるからです。魔法円の目的や機能について、あいまいな点はなくなるはずです（魔法円を閉じる儀式も作らなくてはいけません。「推薦図書」を参照のこと）。

ツールの聖別

多くの宗派では、ツールの聖別には特別な儀式を行います。この儀式で、4つのエレメント（土、風、火、水）を使う宗派もあれば、祝福した塩や聖別した水をまくところもあります。儀式の動作を行いながら唱えるのに適切な数種類のまじないを作るか、借用するか、脚色する必要があります。このような儀式は、普通はきわめて短いものになります。儀式の形式より、聖別のエネルギーのほうがずっと重要なのです。

ケーキとワイン

ケーキとワイン（「ケーキとエール」とも言いますし、本書の後段では「簡単な祝宴」とも言っています）は、劇中劇ならぬ儀式中儀式とも言うべきもので、エネルギーを大地に放つとともに、私たちを女神と男神に直接つなぎます。なぜなら、私たちは女神と男神の星で作られた食べ物を食べているからです。多くのウイッカンは、「ケーキ」の代わりに、自分で特別に焼いたクッキーを使います。あるいは、店で買ったクラッカーやクッキーを使う人もいます。ウイッカンの多くはワインを飲みません。もし飲むのなら、ケーキとワインには、どんなタイプのワインが最も適しているでしょうか。ワインを飲まないなら、代わりに何を飲むのがいいでしょうか。グレープジュース？　それともアップルジュース？

儀式はきわめてシンプルです。短い祈りでケーキ（クッキー）とワイン（ジュース）を祝福して、女神と男神に捧げます。あとで大地に捧げ

るために、少量を祭壇か供物入れの中に残しておいて、残りは儀式の間に食べます。

　こうした儀式を書くのは、とくに他の宗派のものを脚色したり、借用したりするなら、思ったほど難しくありません。儀式はすべてのウイッカの宗派に必要なものですし、あなたの新しい宗派のためにも仕上げておくべきです。必要になったときに、書くか脚色すればいい儀式もあります。これは、おそらくソロのウイッカンの宗派にどうしても必要というわけではありませんが、すぐ使えるように、念のため影の書」に書いておきたいと思う方もいるでしょう（例文が見たい方は、本章の最後に掲載している推薦図書を参照のこと）。

ハンドファスティング（ウイッカの結婚の儀式）

　これも行う必要はありませんが、行ってもかまわない儀式です。もちろん、本人が居住している州の実力者が行うものでないかぎり、このような儀式には法的拘束力はありません。こういうことに関心のある人も、ない人もいることでしょう。

誕生の儀式

　これを「ウイッカになる儀式」と呼ぶ人もいます。この儀式に関しても、疑問をもつかもしれません。あなたは「赤ちゃんを女神と男神に捧げるのですか？　もしそうなら、赤ちゃんはこのことに異議を唱えられないではないですか。それなら、もっとあとで行うべきではないですか？」と。この儀式が純粋に、女神と男神に赤ちゃんを見せて、加護と祝福を願うためのものなら、このような疑問が生じることはないでしょう。疑問が生じるかどうかは、あなたの儀式の書き方にかかっています。

死の儀式

　ウイッカは集団として、服喪の儀式は行いません。死は、魂が女神の領域に還るときに通るドアのようなものです。肉体とは、死にさいしてそれを脱ぐ、つまり、この人生でそれ以上学びを必要としなくなるまで、私たちが身につけているスーツにすぎません。肉体は大切にしなければなりませんが、伝統的な概念によると、肉体の死（魂は決して死にません）は、儀式化すべき悲しみではないのです。生まれ変わりを受け入れている宗教で、死を儀式にできるでしょうか。肉体の死を、人間の魂が体験する数多くの移行の1つにすぎないと考えているのですから。当然ながら、ウイッカンも悲しみますし、多くのウイッカンは愛する人の移行を記念して、小さな儀式を行います。しかし、書物にはこうした儀式のことは載っていません。あなたが必要性を感じるなら、書くといいでしょう。

セルフ・イニシエーションとイニシエーションの儀式

　最後に、あなたは自分のセルフ・イニシエーションの儀式を記録しておきたいと思うかもしれません。自分のウイッカの宗派について、人に教える予定があるのなら、イニシエーションの儀式を自分で書くか、他のものを脚色しておくといいでしょう。計画を立てるのに、早すぎるということはありません。

推薦図書

　（ここに挙げた書籍に関連するさらなる出版物の情報は、巻末の「参考図書」を参照してください。）〔訳注：とくに断りのない場合、以下の図書のページの表記は原書のものです。〕

魔法円の描き方
（下記の書籍のほとんどには、魔法円の描き方と閉じ方の両方が掲載されています。）

- スチュワート・ファーラー著、"What Witches Do"〈魔女がしていること〉、p.56-60

- ドリーン・ヴァリアンテ著、"Witchcraft For Tomorrow"、p.155-159 ——邦訳『魔女の聖典』（既出）

- スターホーク著、"The Spiral Dance"、p.55-57 ——邦訳『聖魔女術－スパイラル・ダンス』（既出）

- スコット・カニンガム著、"Wicca: A Guide for the Solitary Practitioner"、p.115-122 ——邦訳『魔女の教科書』（既出）

- レイモンド・バックランド著、"The Tree"、p.38-41 ——邦訳『サクソンの魔女―樹の書』（既出）：ここでは「神殿の建立」「神殿の消去」というタイトルがついています。

ツールの聖別
- ファーラー夫妻著、"The Witches' Way"〈魔女の道〉、p.44-48

- スコット・カニンガム著、"Wicca: A Guide for the Solitary Practitioner"、p.133-134 ——邦訳『魔女の教科書』（既出）

- ハーマン・スレイター編、"Pagan Rituals Ⅲ"〈ペイガンの儀式　Ⅲ〉、p.59

- ドリーン・ヴァリアンテ著、"Witchcraft For Tomorrow"、p. 64-166 ——邦訳『魔女の聖典』（既出）

ケーキとワイン
- ファーラー夫妻著、"Eight Sabbats for Witches"、p.46 ——邦訳『サバトの秘儀』（既出）

- ハーマン・スレイター編、"Pagan Rituals Ⅲ"〈ペイガンの儀式 Ⅲ〉、p. 69-70

- レイモンド・バックランド著、"The Tree"、p. 54-56 ——邦訳『サクソンの魔女―樹の書』（既出）：ここでは「ケーキとエール」になっています。

- レイモンド・バックランド著、"Buckland's Complete Book of Witchcraft"、p.63 ——邦訳『バックランドのウイッチクラフト完全ガイド』（既出）

- スコット・カニンガム著、"Wicca: A Guide for the Solitary Practitioner"、p. 123 ——邦訳『魔女の教科書』（既出）：ここでは「女神と男神との祝宴」としています。

ハンドファスティング
- レイモンド・バックランド著、"Buckland's Complete Book of Witchcraft"、p.97-99 ——邦訳『バックランドのウイッチクラフト完全ガイド』（既出）：ここには、賢明にも、ハンドパーティングについても述べられています。

- レイモンド・バックランド著、"The Tree"、p. 78-81　——邦訳『サクソンの魔女—樹の書』（既出）:「ハンドパーティング」の儀式についても、p.82-84に述べられています

- ファーラー夫妻著、"Eight Sabbats for Witches"、p. 160-165　——邦訳『サバトの秘儀』（既出）

誕生の儀式

- ファーラー夫妻著、"Eight Sabbats for Witches"、p. 153-159　——邦訳『サバトの秘儀』（既出）

- レイモンド・バックランド著、"Buckland's Complete Book of Witchcraft"、p.99-100　——邦訳『バックランドのウイッチクラフト完全ガイド』（既出）

- レイモンド・バックランド著、"The Tree"、p. 85-87　——邦訳『サクソンの魔女—樹の書』（既出）

死の儀式

- ファーラー夫妻著、"Eight Sabbats for Witches"、p. 66-173　——邦訳『サバトの秘儀』（既出）：ここでは「レクイエム」と呼んでいます。

- レイモンド・バックランド著、"The Tree"、p. 88-90　——邦訳『サクソンの魔女—樹の書』（既出）：ここでは「死に際して橋をわたる」と呼んでいます。

- レイモンド・バックランド著、"Buckland's Complete Book of Witchcraft"、p.100-101　──邦訳『バックランドのウイッチクラフト完全ガイド』（既出）：上記と同じように「死に際して橋をわたる」と呼んでいます。

セルフ・イニシエーション

- ドリーン・ヴァリアンテ著、"Witchcraft For Tomorrow"、p.159-164　──邦訳『魔女の聖典』（既出）

- ファーラー夫妻著、"The Witches' Way"〈魔女の道〉、p. 244-250

イニシエーション

- ファーラー夫妻著、"The Witches' Way"〈魔女の道〉、p. 9-20

- レイモンド・バックランド著、"Buckland's Complete Book of Witchcraft"、p.46-49　──邦訳『バックランドのウイッチクラフト完全ガイド』（既出）

　上記の2冊を挙げていますが、それは、この2冊が、出版されている中で、イニシエーションの最も完全な方法を掲載している書籍だからです。他にも多数のウイッカに関する書籍がイニシエーションについて論じ、儀式の台本を提供しています。言うまでもありませんが、それらはすべてカヴン用です。

18 Beliefs 信仰

　「信仰」という言葉が最適だとは思いませんが、他には「教義」や「概念」といった言葉しか思い浮かばず、どちらも満足できるものではありません。一般に宗教は信仰を基盤にして築かれるものと考えられていますから、この言葉を使うしかないと思っています。

伝統的なウイッカの信仰とは

　厳密な神中心の信仰とは少し違って、ウイッカンは以下のようなことを共有しています。

- 女神と男神を崇拝します。これはウイッカの思想の核心です。

- 人間の魂は、人間の姿で何度もこの世界に生まれてきます。生まれ変わりは、ウイッカの信仰の中で、最もよく知られているものです。人間はなぜ、どのようにして何度も生まれ変わってくるのかについては、さまざまな神秘論的推論がなされています。このドグマについて特別な教義をもっているウイッカの宗派は、ほとんどありません。いくつかの宗派が、人間は生まれ変わり、過去世で知っていた人々と出会うとだけ述べていますが、それ以外は、具体的なことを

ほとんど述べていません。生まれ変わっても、性は変わらないと主張する宗派もありますが、それ以外は、人間はこの世で学んで進化するのに適した性を、自分で選ぶと述べていて、意見は一致していません。

- 非物質的な形でパワーを送り、ポジティブな方法で世界に影響を与えることができます。だから、私たちは魔術の実践と、その有効性を認めているのです。

- 自分のしたことは、自分に返ってきます。このエネルギーが正確にはどのように返ってくるのかについては、これまでもさまざまな憶測がなされてきました。女神がこの役割を担っていると主張する宗派もありますが、それ以外は、これは重力と同様、宇宙の法則であり、人間は誰もこの仕組みを知ることはできないと言います。石の水切りのような、自然に起こる反応だということです。

- 地球は私たちの家であり、それ自体が女神なのです。好き放題に酷使していい道具ではありません。生態系への関心は、ウイッカにおいて比較的新しいものですが、今では重要な役割を果たしています。地球に癒しのパワーを与える儀式が、たくさん行われています。環境保護運動は、ウイッカに多大な影響を与えてきました。

- ウイッカンは福音主義者ではありません。教えを広めて歩く必要はないのです。この宗教への疑問には答えますが、見知らぬ家のドアをノックして、「最近女神という言葉を耳にしたことはありませんか？」と尋ねることは絶対にありません。このような行動は、メンバーが自分たちは唯一の道を見つけたと信じている宗教では（苛立ちは感じても）理解できるものでしょうが、ウイッカにはばかばか

しいほど場違いなものです。

- ウイッカは、すべての宗教は、その信奉者にとっては正しいものと認識しています。といっても、あらゆる宗教のあらゆる代表者に好感をもっているということではありません。しかし、エキュメニズム〔訳注：1つの宗教が教派を超えた結束を目指す運動〕も1つのあり方だと思います。私たちウイッカン同士がたがいに寛容であるだけではなく、他の宗教の信奉者にこの宗教をよく知ってもらうためにも、彼らとの対話を共有するべきだと思います。

- ウイッカは、男女を問わず、あらゆる人種、国籍、そして、たいていの場合、あらゆる性的指向の人々を受け入れます。残念なことに、ウイッカにも人種差別や偏見は存在します。多くのカヴンが、白人以外の人々がトレーニングやイニシエーションを受けることを認めていません。こうした人種差別は、普通は内密にされ、公然と表明されませんが、実際に存在します。ウイッカンも人間であり、生まれたときからある集団には好感を抱き、それ以外の集団は嫌うように教えられてきました。それでも、このようなばかげた考え方を克服し、みんな同じ人間なのだと認識しなければなりません。あらゆる形の人種差別と偏見はウイッカに反するものです。それに、女神は白人であると断言した人がいたでしょうか？

- ウイッカは宗教であり、政治組織ではありません。ウイッカのいくつかのグループは、一般的な利害のためにワークを行うこともありますし、個人的に政治組織に関わっているウイッカンもいるでしょうが、ウイッカ全体として特定の政治家や候補者のために祈ったり、支援したりすることはありません。ウイッカンが個人的に関与する問題には、女性の人権、生殖の自由、土地保全、動物の権利、宗教

活動を制限する法的措置などがあります^(注6)。しかしながら、ウイッカは政治的な宗教ではありません。実際、集会の前後や最中に、政治的な議論を禁止しているカヴンもあります。

- ウイッカは個人的なレッスンやイニシエーションに料金を請求しません。ウイッカンが作ったもの（ペンタクル、ナイフ、杖、インセンス、オイル、本）やサービス（公開講座、ウイッカに基づくカウンセリング）に対しては料金を請求しますが、個人的、あるいは私的なウイッカの教育やイニシエーションに対しては料金を課しません。グループ内で儀式用の備品のためにカヴン基金を積み立てているところがいくつかありますが、これが唯一の例外です。

ウイッカンのほぼ全員が、信仰に関する上記のリストに同意しています。もちろん大部分の宗派もです。これらのことを、個々のウイッカンがどのように解釈しているかを正確に把握することは不可能ですが、ほとんどのウイッカンがさまざまな形で、同意していると確信しています。
　あなた自身のウイッカの信仰――信仰そのものではなく、あなたなりの解釈――のリストを作成するのも有益なことです。例えば、次の問題について書いてみるといいでしょう。

生まれ変わり

- 私たちは教訓を学ぶために、何度も転生します。

（注6）ウイッカの政治への個人的関与の米国での例をうまくまとめたものとしては、ローズマリ・エレン・グィリー（Rosemary Ellen Guiley）著、"The Encyclopedia of Witches and Witchcraft"、p.156（邦訳『魔女と魔術の辞典』荒木正純ほか訳、原書房、1996 年）に掲載された、ヘルムズ修正案（ウィッチクラフトとネオ・ペイガンのグループを免税対象からはずそうとした修正法案）に関する記事がある。

- 私たちは過去世で知り合いだった人と一緒に転生することもあります。

- ネコも転生します。

　重要なのは、あなたの信仰を言葉で書き記すことです。そうすることで、信仰が具体的なものになります。信仰はあいまいなものになりがちですが、このような作業によって、はっきり定義できるのです。一般的なウイッカの信仰に対するあなたの解釈は、あなたが経験を積み、理解を深めるにつれて変化することでしょう。それは自然な流れです。あなたが書いたリストも古ぼけたものになるかもしれません。それもまたよしです。

　ウイッカは独特の信仰を教える宗教です。この宗教を実践していくつもりなら、それを熟知しておくべきです。その信仰の中には、完全に容認するのに時間を要するものもあるかもしれません。学習し、考え、祈り、試しましょう。

　ウイッカの信仰は、ウイッカの心臓なのですから。

19 Rules 規則

　ほとんどの宗教組織は、信奉者に、行動の指針や規則をまとめた文書を渡します。しばしばこうした行動指針の中に、その宗教の本質がうかがえますが、それは組織の代表者の実際の行動からは、なかなか判断するのが難しいものです。

　ウイッカにもこのような文書が、1つならず存在します。数種類の形式で出版されていますが、中でも最も有名なのは、もとはガードナー派ウイッカとして知られているものに由来します[注7]。それ以外にも多くのバージョンが存在し、いくつかのカヴンは、メンバーが使う行動基準を自分たちで作っています。こうしたウイッカのすべての規則の根底にあるのは1つの基本概念、すなわち「何人も害するなかれ」です。

　伝統的なウイッカの規則は、学習するためにいくつかの特定のカテゴリーに分類することができます。このカテゴリーを見て、いくつか見本（本章の最後に掲載）を読めば、あなたの宗派のための基準を書いたり、脚色したりするのに必要な情報を得ることができるでしょう。

　以下に伝統的なウイッカの規則の基本的な概要を掲載します。最初のセクションでは、とくにカヴンのワークに関する規則について述べます

（注7）こうした行動基準の起源に興味のある人は、ドリーン・ヴァリアンテ（Doreen Valiente）著、"Witchcraft for Tomorrow"（邦訳『魔女の聖典（魔女たちの世紀6）』（秋端勉訳、国書刊行会、1995年）を参照のこと。

が、これはソロのウイッカンにとってはあまり重要ではありません。2番目のセクションでは、ソロのウイッカンにとってきわめて重要な規則を取り上げています。

伝統的なウイッカの規則——カヴン向け

カヴンの階層／組織

普通はハイ・プリースティスとハイ・プリーストの義務がリストアップされています。事務所が開いている平均的な時間も述べられていることが多いです。多くの宗派は、入会の条件について詳説し、長老会議（最高位を授けられた人や、カヴンのメンバーに指導および助言を与える立場の人で構成されるのが一般的）やその他のグループ内のグループの性格を定義します。また、他のカヴンの幹部について述べているものも多いです。

秘密

同じ宗派の入会者しか見聞きできない事柄を秘密にするようにという、伝統的な警告です。規則の中には、この誓いを破ったら神の報復があると脅すものもあります（ソロのウイッカンは、もちろん「秘密の」宗派を作ることもできます。自分の宗派とその宗教的実践を他人と議論したいかどうかは、あなたが決めればいいことです。何を公にするかを決めることができるのは、あなただけです）。

カヴンの問題

問題の適切な解決法が述べられます。カヴンの中には、意思決定のプロセスにおいて、あるいは不満を訴えるメンバーを指導するために、長老会議を利用するところもあります。大部分の宗派では、最高位にあるウイッカンがもはや元のカヴンと一緒にやっていけないと思うに至った

ときは、自由にそのカヴンを離れて、自分の宗派を作ることができます。多くの規則には、ハイ・プリースティスやハイ・プリーストが規則を破ったり、そのカヴンへの関心を失ったりした場合のことも書かれています。

迫害の話と忠告
このような大昔の規則らしきものは、極端な拷問を受けた際は、口を割るのもやむをえないと認めていますが、思慮深いことに、「取調べ官」が集めたすべての情報を否認することも許可しています。また、魔女として有罪を宣告された者には、死刑執行による死の苦痛が軽減されるよう薬が与えられることも明記されています（この規則は、当然のことながら、現在ではまず役に立たないでしょう）。

儀式への参加
多くの宗派には、儀式への参加に関する規則があります。自由裁量の幅はかなり広く、必ずしもすべての宗派にこのような規則があるとはかぎりません。ほとんどの場合、前もってカヴンのリーダーから許可を得た場合を除いて、ウイッカンはすべての儀式への参加が求められます。いくつかの宗派では、6回連続して集会を欠席すると、たとえ理由がそのウイッカンが関心を示さないことだけであっても、カヴンからの追放の根拠となります（ソロのウイッカンにはほとんど関係のないことですが、それでも、儀式をきちんと行うよう奨励する言葉は、規則の文書に入れておくほうがいいでしょう）。

ソロのウイッカンに関連する規則

崇拝
儀式を行う日時が記載されているものもあります。多くの場合、女神と男神は崇拝に値する存在であると述べ、ウイッカンに絶対的な崇拝を

求めています（これは当然のことです。これ以外に、ウイッカンである理由があるでしょうか？　このような記述は規則の冒頭に置かれている場合が多いです）。

流血

多くの規則に、魔法円の中で血を流すべきではなく、動物をいけにえに捧げてはいけないと書いてあります（これは規則の中に明文化されているかどうかに関わらず、ウイッカの普遍的な法則です）。

危害を加えない

ほとんどの規則の中心となる統一テーマは、ウイッカンは人に危害を加えないということです（この規則は、どんな形にしろ、あなたの規則に入れておくべきです）。

魔術の使用

一般に、魔術はお金をもらって行うものではなく、そんなことをすれば、儀式は破壊的なものになる恐れがあると書いてあります。また、自尊心を高めるためや、何らかの形で人に危害を加えるために行ってはいけません。しかしながら、いくつかの規則では、他のウイッカンが人に危害を加えようとする（いわゆる「まじないをかける」）のを「止めたり、押さえこんだり」するために、「パワー」（すなわち、魔術）を使うのは許可しています（下記の「パワーの規則」の項を参照）。

日ごろの行い

このような規則では、自慢したり人を脅したりしてはいけません、他人――ウイッカンもそうでない人も――に親切にし、思いやりをもって遇しなさいと通告しています。さらに、ウイッカンは魔法円の中でも外でも、薬を使ってはいけない、他のメンバーのうわさ話をしてはいけな

い、他のウイッカンの教えに干渉してはいけないと書いてあるものもあります（このようなメッセージをあなたの規則に入れておくに越したことはありません。たとえ思いやりの重要性を説くメッセージを読むのがあなた1人だとしても、それを必要とするときがあるはずです）。

教義

　規則の中には、ウイッカの教えは、教えを誤用しそうな人を除いて、興味を示すすべての人に授けられるべきだと書いてあるものがあります。このような規則は、ほとんどが削除されたり、再解釈されたりしてきました。この規則に従ったら、ウイッカンは1人で数百人、あるいはそれ以上の生徒を教えることになり、レッスンの質が下がり、結局は質の劣った生徒を生み出すことになるからです。このような規則は、あまりに多くの人が教えを求めている今日の世界においては、実用的とは言えません。

規則の順守

　ウイッカは規則を守り、規則が破られるのを許してはいけません（当然の忠告です。これは規則の文書の最後に掲載されるのが一般的です）。

女神と男神への愛

　私たちは1人ではないということを、優しく思い出させる言葉です（たいていの場合、規則の最初と最後に神の愛を確認する言葉を置くのがベストでしょう）。

　これらをすべて読んだあと、おそらくあなたは「私は1人で儀式を行うのに、なぜ規則が必要なの？」と思っているかもしれません。カヴンに関する規則は除外するとしても、もっともな疑問です。答えは簡単で

す。ソロのウイッカンに適した規則の大部分が、ウイッカの伝統全体の一部を形成していて、その規則がなかったら、私たちは指針をもたずにやっていかなくてはならないからです。そうした規則を文書の形にして、あなたの「影の書」に含めておくと、時間のあるときに学習できますし、それを参照して、指針とすることができます。「私はこれはやりませんが、あれは忘れずに実行します」とはっきり言うのはとてもいいことです。こうした規則を文書にしておくことは、大いに記憶の助けになります。

規則の見本

　これまでに述べた規則の概要を参考にして、自分の規則を作ってみましょう。その具体的な形式や表示方法は、まったくあなたの自由です。規則に番号を振ってもいいですし、振らなくてもかまいません。2行韻を踏んだものもありますが、大部分は散文で書かれています。

　私はこれまで3つの版を書きました。最初の版は、一部上記の分析に基づいて書きました。第2版は、"Wicca: A Guide for the Solitary Practitioner"（邦訳『魔女の教科書』）から転載し、第3版も同様ですが、魔術に関するものだけを取り上げています。

規則

- 私たちは古（いにしえ）の智恵を受け継ぐものであり、女神や男神とともに歩き、その愛を受け取ります。

- 全力を尽くしてサバトとエスバットの儀式を行うこと。さもないと、女神や男神とのつながりが弱まることになります。

- 何人も害するなかれ。この最古の規則は、解釈や変更を加えるべきものではありません。

- 儀式では血を流してはいけません。女神と男神を正式に崇拝するために、血は必要ありません。

- この宗教に属する人々は、すべての生き物に対して思いやりの心で接します。というのも、相手を傷つけることを考えただけで、体からエネルギーが流れ出してしまうからです。エネルギーを失ったら割に合いません。苦悩は自分でつくり出すもので、喜びも同じです。だから、喜びをつくり出し、苦悩や不幸は拒絶しましょう。これはあなたの力で十分できることです。ですから、何人も害してはいけないのです。

- 自分が知っていることだけを、最善を尽くして、相手を選んで教えましょう。しかし、あなたが教えたことを、破壊や支配の手段に使いそうな相手には教えてはいけません。また、自尊心を高めるために教えてはいけません。虚栄心や称賛のために教える人は、自分の仕事に誇りをもっていない人だということを、つねに心に留めておいてください。愛の心から教える人は、女神と男神の腕の中に抱かれることでしょう。

- ウイッカの道を歩んでいくのなら、何をするにも規則を思い出しましょう。規則を守ることはウイッカの本質なのですから。

- 必要性が生じたら、どの規則も、変更を加えても除外してもかまいませんし、新しい規則が「何人も害するなかれ」という最古の規則を冒さないかぎりは、新しい規則に作り変えてもかまいません。

- 私たち全員に、女神と男神の祝福がありますように。

ウイッカの本質

- できるだけ頻繁に、森の中で、海辺で、人けのない山頂で、静かな湖畔で、儀式を行いましょう。それが不可能な場合、庭や部屋の中でも、インセンスの煙や花で整えられているなら、それで十分です。

- その気があるなら、書物、珍しい文書、謎めいた詩の中に知恵を探し求めるといいでしょう。しかし、ただの石や弱々しい草、野鳥の鳴き声の中にも探し求めてみてください。魔術を見出したいなら、風のささやきや海のうなり声に耳を傾けてみましょう。こういうところにこそ、いにしえの秘密が保管されているのです。

- 書物の中には言葉が書かれています。木々は、書物からは到底得られないエネルギーと知恵を内在しています。

- 古(いにしえ)の智恵はつねに顕現していることを心に留めておいてください。だから、風にそよぐ川岸の柳のようになりましょう。進化し成長するものは、せいぜい数世紀しか輝きを持続できませんが、昔から変わらぬものは永遠に生きつづけます。

- 他人の儀式やまじないをあざ笑ってはいけません。あなたのほうがパワーや知恵において優れていると、誰が言えるでしょう？

- いつも高潔な行動をとるよう心掛けなさい。あなたがしたことはすべて、よいことも災いも、3倍になってあなたに返ってくるのですから。

- あなたを支配しようとしたり、あなたのワークや信仰心をコントロールしたり、操作しようとする人には用心しなさい。女神と男神

への真の信仰心はあなたの心の中にあります。あなたの信仰心を自分の利益や名誉のためにゆがめようとする人は、疑いの目で見なさい。しかし、愛にあふれたプリースティスやプリーストは、進んで受け入れなさい。

- 生きとし生けるものに尊敬の念をもちなさい。鳥も、魚も、ミツバチも、私たちの仲間なのです。自分の命を守る以外の理由で、命を奪ってはいけません。

- 以上がウイッカの本質です。

パワーの規則

- パワーは他人に害をおよぼすため、傷つけるため、コントロールするために使ってはいけません。しかし、必要が生じた場合は、パワーを使って自分や他人の命を守りなさい。

- パワーを行使するのは、必要に迫られたときのみです。

- パワーを行使しても、何人も害さない限りにおいて、自分の利益のためにパワーを使ってもかまいません。

- パワーの行使の代償にお金を受け取るのは愚かなことです。なぜかというと、受け取った人はたちまちお金に支配されるようになるからです。他の宗教の信者と同じようにしてはいけません。

- 自尊心を満足させるためにパワーを行使してはいけません。ウイッカの神秘と魔術の品位を落とすことになるからです。

- パワーは女神と男神からの神聖な贈り物であり、誤用したり乱用したりすべきではないことを、つねに心に留めておいてください。

- 以上がパワーの規則です。

　ほとんどのウイッカの規則は神聖なもので、いかなる形式でも本にして出版できるものではありません。それでも、本章に挙げたものと推薦図書に掲載されている見本は、あなたが自分の規則を作るために十分な情報を提供してくれます。
　あなたが知恵と愛をもって、規則を作られることをお祈りします。

推薦図書

出版されている規則

　ウイッカの規則を文書にしたものは、ほとんど出版されていません。標準的なウイッカの手引書でさえ、ほとんどのものには規則は掲載されていません。しかしながら、規則に関する議論や、規則一式が掲載されている書物もわずかですがあります。以下にその大部分を挙げておきます。本章の内容とともにこれらの規則を研究すると、あなた自身の規則を作るのに役立つでしょう（ここに挙げた書籍に関連するさらなる出版物の情報は、巻末の「参考図書」を参照してください）。〔訳注：とくに断りのない場合、以下の図書のページの表記は原書のものです。〕

- エイダン・A・ケリー（Aidan A. Kelly）著、"Crafting the Art of Magic, Book 1"〈魔術をつくる―1〉：本書のp.145-161には、ガードナー派の規則の1つの版が掲載されています。また、p.103-105には、興味をそそる 'Proposed Rules for the Craft'（クラフトのための規則案）が掲載されています。

- ドリーン・ヴァリアンテ著、"The Rebirth of Witchcraft"〈ウイッチクラフトの再生〉：ガードナー派の規則とともに、規則案（Proposed Rules）に関する背景情報を知りたいなら、本書のp.69-71を参照してください。最も有名なウイッカの規則に関する内輪話は大変興味深いです。

- ファーラー夫妻著、"The Witches' Way"〈魔女の道〉：ウイッカの規則に関してさらなる情報——文書そのものではなく——を求めるなら、本書のp.304-305に掲載されています。

- ジューン・ジョーンズ著、"The King of the Witches"〈ウイッチの王〉：本書の補遺には、ガードナー派の規則の別の版が掲載されていますが、「影の書（The Book of Shadows）」と間違ったタイトルがついています。

- ハーマン・スレイター編、"Pagan Rituals Ⅲ"〈ペイガンの儀式　Ⅲ〉：本書は、元は故エド・ブチンスキーがウェールズ派の研修生のために書いたもので、「規則」というタイトルのやや強硬な規則が掲載されているセクションがあります（p.113-115）。短いけれど、ある宗派（ガードナー派以外）の秘密の規則を知る良い手引書になるでしょう。とは言っても、ほとんどは穏やかな規則です（これは研修生のために書かれたもので、経験を積んだウイッカンのためのものではないということを頭に入れておいてください）。

ウイッカの規則の文書は、昔のペイガンの定期刊行物に掲載されて、これら以外にもいろいろ出版されていますが、最も有名なのがペイガンの交流誌『グリーンエッグ（Green Egg）』の初期に掲載されたものです。規則を掲載した号は絶版になっていますが、そのためもあって、収

集家たちが熱心に探し集めました（ちなみに、これらの規則のいくつかは、その出典を示唆することなく、伝統的な「影の書」に加えられました）。

20 Wiccan Symbols ウイッカのシンボル

　シンボルは、ウイッカの多くの宗派にとって重要なものです。「影の書」では魔術の省略表現として使われています。また、ウイッカそのものや特定のウイッカの宗派を図で表現したものとして（文書のやりとりなどで）、また、魔術のツールや宝石にパワーを与えるために使われます。

　ウイッカの儀式で最初に使われたシンボルの起源は、ほとんどがセレモニアル・マジック（儀式的魔術：とくに、"The Key of Solomon"〈ソロモンの鍵〉に見られるもの。参考図書参照）と錬金術にあります。たちまちその数は増えて、イニシエーションのレベル、魔法円、女神と男神を表すシンボルのように、ウイッカ特有のものになりました。宗派はその信奉者の間でシンボルを共有していましたが、やがてシンボルは公表されるようになり、使用者の範囲が広がりました。

　あなたの宗派でも、シンボルを使うといいでしょう。シンボル（ある意味、アルファベットのつづりをコンパクトにしたものと言えます）は、潜在意識に働きかけるため、見た人が意味を知っていたら、強力な心理的反応を誘発します。

　あなたは自分のシンボルを作ってもいいし、以下に挙げるリストから選んで使ってもかまいません。1つだけ警告しておきますが、よく知らないシンボルを使ってはいけません。シンボルの意味がわからないなら、どんな形でも使わないのが一番です。シンボルには以下のように、いく

つか種類があります。

ウイッカのシンボル

　最も有名なシンボルは、5つの角をもつ五芒星です。1つの角が上向きで、それがウイッカを表します。この宗教とペンタゴンが結びついたのは、かなり近代になってからのことです（このシンボル自体は少なくとも紀元前2400年には使用されていて、中東の陶器の模様になっています）。これ以外のシンボルには、女神を表す小さなシンボル（ジュエリーとして使われることが多い）——とくに、有名な「ヴィレンドルフのヴィーナス」などのいわゆるヴィーナスの小像——が含まれます（少し前、ウイッカのシンボルの1つに、文字も印も書かれていない、簡素な緑のボタンがありました。ウイッカンは公共の場に出たときに挨拶を交わせるように、これを身につけていました。私の知るかぎり、国内ではこの習慣はすでにすたれたようです）。

宗派のシンボル

　ウイッカの宗派の多くは、独自のシンボルをもっています。さまざまなデザインがありますが、大部分は以下のパーツが1つかそれ以上含まれていて、さまざまな独自の方法で、印象的にアレンジされています。

五芒星
(Pentagram)

アンク（エジプト十字架）
(Ankh)

三日月
(Crescent Moon)

20 ウイッカのシンボル

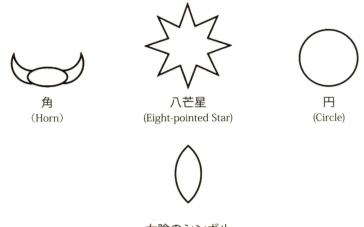

角
(Horn)

八芒星
(Eight-pointed Star)

円
(Circle)

女陰のシンボル
(Yonic Symbols)
〈フェミニストのウイッカンの間で
とくに人気がある〉

　図からわかるように、これらのエレメントには多数の組み合わせが考えられます。
　あなたの宗派のために、このようなシンボルを作る必要はありません。それでも、もし作ったなら、「影の書」に記入しておきましょう。ローブに縫いつけたりツールに描いたりすることもできますし、あるいは儀式で使ってもかまいません。

「影の書」のシンボルと省略表現

　以下は、さまざまなウイッカの宗派で使われているシンボルで、いくつかのバリエーションがあり、私が作ったものもほんの少し含まれています。もし気に入ったなら、儀式を書くときや「影の書」に使うと、大変便利です。例えば、「魔法円を描く」と書くより、「○〔訳注：魔法円の

シンボル〕を描く」と書くほうがずっと簡単です。
　以下にいくつか伝統的なシンボル（新しいものも含めて）を紹介します。

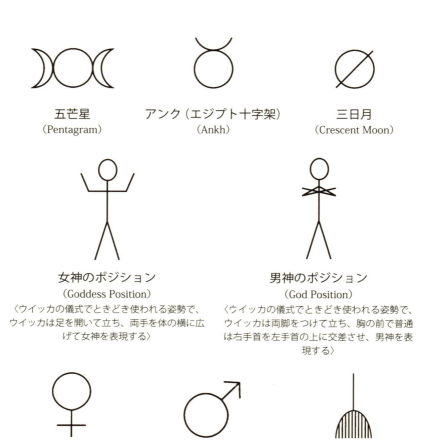

五芒星
（Pentagram）

アンク（エジプト十字架）
（Ankh）

三日月
（Crescent Moon）

女神のポジション
（Goddess Position）
〈ウイッカの儀式でときどき使われる姿勢で、ウイッカは足を開いて立ち、両手を体の横に広げて女神を表現する〉

男神のポジション
（God Position）
〈ウイッカの儀式でときどき使われる姿勢で、ウイッカは両脚をつけて立ち、胸の前で普通は右手首を左手首の上に交差させ、男神を表現する〉

女性
（Female）

男性
（Male）

ほうき
（Broom）

20 ウイッカのシンボル

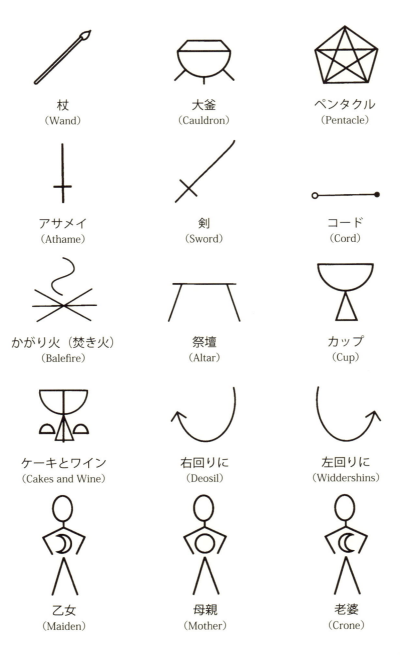

171

大地（土）　　　大地（土）　　　大地（土／地球）
（Earth）　　　（Earth）　　　（Earth）

大気（風）　　　大気（風）　　　大気（風）
（Air）　　　　（Air）　　　　（Air）

火　　　　　　　火　　　　　　　火
（Fire）　　　　（Fire）　　　　（Fire）

水　　　　　　　水　　　　　　　水
（Water）　　　（Water）　　　（Water）

太陽　　　　　　月　　　　　　　地球
（Sun）　　　　（Moon）　　　　（Earth）

20 ウイッカのシンボル

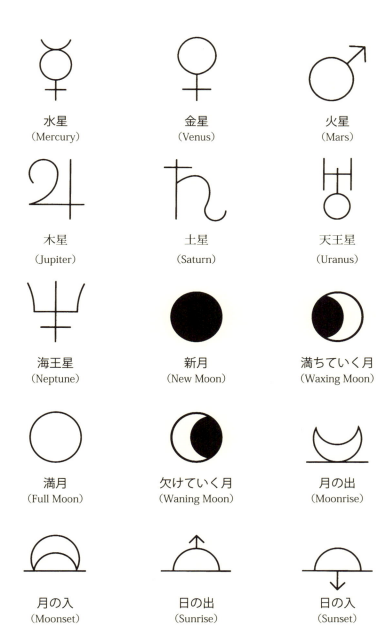

173

 再生 (Rebirth)	 浄化 (Purification)	 まじない (Spell)
 致命的な毒 (Bane, Deadly)	 祝福 (Blessings)	 精神性 (Spirituality)
 精神性 (Spirituality)	 平和 (Peace)	 加護 (Protection)
 加護 (Protection)	 癒しと健康 (Healing and Health)	 勇気 (Courage)
 魔術のエネルギー (Magical Energy)	 体力と魔法力 (Physical and Magical Strength)	 美 (Beauty)

20 ウイッカのシンボル

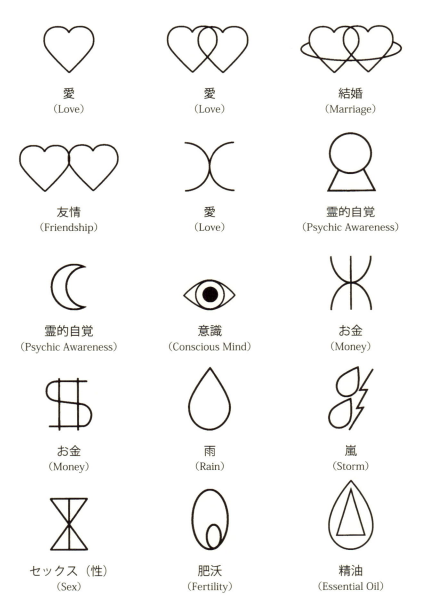

植物（ハーブ、花、葉）
(Plant)

水
(Water)

塩
(Salt)

ウイッチの印
(Witch Sign)
〈ツールや儀式を行う場所、
祭壇に印をつけるのに使われる〉

キャンドル
(Candle)

ワイン
(Wine)

春
(Spring)

夏
(Summer)

冬
(Winter)

秋
(Autumn)

東
(East)

南
(South)

北
(North)

西
(West)

20 ウイッカのシンボル

　あなた自身の儀式を作るのに、上記のシンボルを使うといいでしょう。あなた独自の必要に合わせて、まじないを変更してもかまいません。以下に挙げるのは、私が作ったシンボルです。あなた自身の儀式に関するさらなる情報については、"Earth, Air, Fire & Water: More Techniques of Natural Magic"〈土、風、火、水：自然魔術のさらなるテクニック〉、ルエリン・パブリケーションズ（Llewellyn Publications）刊、第19章を参照してください。

眠気をもたらす
(To Cause Sleep)

霊的な夢を見る
(To Have Psychic Dreams)

夢を記憶する
(To Remember Dreams)

眠気を防止する
(To Prevent Drowsiness)

学ぶ
(For Studying)

嫉妬を解放する
(To Release Jealousy)

罪悪感を解放する
(To Release Guilt)

ストレスを軽減する
(To Reduce Stress)

禁煙する
(To Quit Smoking)

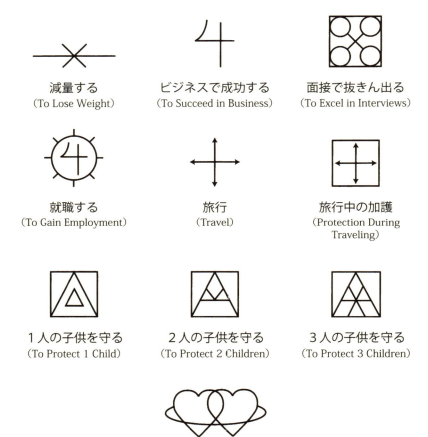

個人的なウイッカのシンボル

多くのウイッカンが、自分の宗教の印として、また、ときには加護を求めるために、署名の横に特別なシンボルをつけます。宗派の中には、

シンボルが、その人が達した学びのレベルを表すところもあります。

私はよく署名のそばに五芒星を置きます。あなたもこれを使ってもいいし、自分のシンボルを作るのもいいでしょう。女神と男神に関連するものでも、まったく個人的な、独特のものでもかまいません。想像力と創造力を働かせましょう。

ルーン文字のアルファベット

ウイッカンの中には、ルーン文字で儀式を書く人もいますが、多くの人は、ルーン文字は使いません。ルーン文字を必要に応じて読めるようになるには、完璧に熟練しなければなりませんが、最近の新人ウイッカンは、新しいアルファベットを学ぼうとは思わないようです。それでも、ほとんどのウイッカの宗派は、「影の書」にルーン文字を入れています。

なぜでしょう？　ルーン文字が象徴するシンボルや、文字自体に秘められたパワーが、魔術的儀式で役立つことがあるからです。また、ルーン文字は、ツールの有効性を高めるために、しばしばツールに描かれたり、刻まれたりします。さらに、ウイッカンがどんな形にしろルーン文字を使うのは、伝統に則ったことなのです。

ルーン文字のアルファベットに関する本は多数出版されています（かつて、この文字がまだ秘密とされていたころ、完全なルーン文字のアルファベットは、ルーン文字の事典でしか見ることはできませんでした）。今日では、このテーマに関して幅広く書物が入手できるので、私たちは最も目的に合った体系のものを選べるようになりました。

ルーン文字のアルファベットの正確な形（意味は言うまでもなく）に関しては、多くの議論があるので、ここにさらなるバリエーションを加えるつもりはありません。もしご興味がおありなら、以下の本を読むことをお勧めします。

推薦図書

（ここに挙げた書籍に関連するさらなる出版物の情報は、巻末の「参考図書」を参照してください。）

- マイケル・ハワード（Michael Howard）著、"The Magic of Runes"〈ルーン文字の魔術〉
- ルドルフ・コッホ（Rudolf Koch）著、"The book of Sign"〈サインの書〉
- ドナルド・タイスン（Donald Tyscn）著、"Rune Magic"〈ルーンの魔法〉

21 The Book of Shadows 「影の書」

　ほとんどのウイッカンは「影の書」を大切にしています。「影の書」はまず出版されることはなく、ウイッカンではない人は、目にすることさえできません。「影の書」には、その宗派に特有の信仰や崇拝様式の概要が書かれています。

　儀式の内容やシステムは異なっても、大部分の「影の書」には魔法円の描き方や閉じ方、宗教的儀式、ツールの聖別、規則、カヴンの組織的な注記、魔術的儀式、祈り、それにたいていはハーブ（薬草）の知識が書かれています。また、その宗派の神々のリスト、新入会員のためのトレーニング方法、そしてイニシエーションの儀式について書いてあるものもあります。

　こうした本は、あらゆるウイッカの宗派の設立と維持にとってきわめて重要です。もし「影の書」がなかったなら、宗派に特有の儀式などの知識は、入念に記憶して、1語1語口伝えで伝えていかなくてはなりません。そうなると、つねに間違いや誤った解釈、さらには資料の損失が生じる恐れがあります。

　誤解しないでください。私が知っているウイッカの宗派の中に、すべての情報を記録しているところはありません。大部分の情報は、教師から生徒へ口伝えで伝えられます。それでも、宗派の「影の書」は、実践者にとって不変の手引であり、記憶をよびさますものなのです。

今日では、さまざまな「影の書」が存在します。何百人、何千人のウイッカに使われているものもあれば、ソロのウイッカンによって書かれ、本人以外誰ひとり見ないものもあります。本章は、あなたが自分の「影の書」を書くための手引です。ある意味、本書の第3部のハイライトと言っていいかもしれません。なぜなら、その本の中に、あなたは新しい宗派を記録していくのですから。

本自体は、どんな形でもかまいません。今日、表紙がついて中が空白の本がいろいろ出回っていますから、それを使えばいいでしょう。しかし、あなたの宗派についての考えが、それ以上変わらないと確信できたときに書くべきです（表紙つきの本の内容を変更するのは難しいですから）。まだ何か迷いがある場合は、ルーズリーフ式のノートを使うといいでしょう。これなら必要が生じたときに、新しい文章を加えたり、削除したりできます。

トラディショナルなウイッカの「影の書」の多くは、イニシエーションの儀式から始まっていて、ソロのウイッカンに直接関係のない情報を含んでいます。こうしたセクションは除外して、典型的な「影の書」の概要に目を通しておくといいと思います。あなたが自分の本を作るときに役立つでしょう。

プロセスはシンプルです。すべての儀式や規則、それにあなたが自分の宗派の一部だと断定したその他の情報を、空白のページに書きこんでいきましょう。また、ちょっとあなたの人柄を感じさせるもの——短い詩を載せたり、歌やチャントのセクションを作ったりするのもいいでしょう。ソロのウイッカンの「影の書」は、きわめて個人的な創作なのです。

- **タイトルページ**。ここは「影の書」（Book of ShadowsあるいはtheをつけてThe Book of shadows）とします。また、例えば「ナイト・ムーン派の影の書」（宗派の名前を思いついた場合）のような、あ

なたの宗派に特有の言葉にしてもかまいません。また、タイトルページに五芒星だけを描いたり、あなたの名前をルーン文字で書いたり、何らかのシンボルを書くのもいいでしょう。空白のままにしておくという手もあります。

- **規則**。これも「規則」「規約」「行動規約」などとしておきましょう。

- **女神と男神への祈祷文**を次に書くか、規則の前に置くといいでしょう。祈祷文は「祝福」の意味もかねて、1つか2つ、本の最初のほうに入れておくのが一般的です。

- **祭壇の略図**。

- **魔法円の描き方と閉じ方の指示**。できるだけ具体的に書きましょう。

- **儀式**。サバト、満月の儀式、ツールの聖別、ケーキとワインの儀式。

- **祈り、チャント、祈祷文**。(あなたがふさわしいと思うときに使うために。)

- **儀式のツール**。(この部分は他の場所に置いてもかまいません。この情報がイニシエーションの儀式の一部になっている宗派もあります。)

- **セルフ・イニシエーションの儀式**。それと、あなたが書いておきたいなら、カヴンのイニシエーションの儀式など、その他のあらゆる儀式を書いてもかまいません。

- **魔術的儀式と情報**。これには薬草の知識や処方箋とともに、ウイッカ特有のまじない（すなわち、女神と男神に直接関わるもの）も含まれています。また、魔術的な省略表現（「影の書」におけるもの）や魔術的な目的で使われるシンボルや印も含まれます。

　ここでは大まかな輪郭を述べましたが、あなたの好みで変えてもかまいません。
　「影の書」は、手書きでなければいけないのでしょうか？　昔ながらのウイッカンなら、イエスと言うでしょう。しかし、今日では、多くの文書がパソコンで書かれ、ディスクに保存され、コピーされます。それでも、1語1語手書きすると、「影の書」の有効性が高まるのは間違いありません。なぜなら、言葉に込められたあなたのエネルギーの一部が、本に込められるからです。
　パソコンで「影の書」を書くのは、大変便利に思えますが、儀式の間に手書きの本を見ることほど心に響くものはありません。それ自体がウイッカの浪漫的な遺産の一部であり、なくしてはならないものなのです（それでも、最近の個人的体験から、手書きの文書をすべてパソコンに入れておくと重宝することがわかりました。つまり、「影の書」は、手書きとデジタルの両方をもっているのが理想的だということです）。

推薦図書

　多くの「影の書」と言われるものが、さまざまな形で出版されています。これらはほぼ完全に体裁が整っていますが、出版に際して著者によって大幅に変更が加えられています。以下にいくつか、注釈つきで挙げておきます（ここに挙げた書籍に関連するさらなる出版物の情報は、巻末の「参考図書」を参照してください）。〔訳注：とくに断りのない場合、以下の図書のページの表記は原書のものです。〕

- ドリーン・ヴァリアンテ著、"Witchcraft For Tomorrow"、p. 155-159　──邦訳『魔女の聖典』(既出)：本書の中の「影の書(The Liber Umbrarum)」は、とくにソロのウイッカンのために書かれたものですが、この作品にはサバトの儀式が欠落しています。

- レイモンド・バックランド著、"The Tree"、p.38-41　──邦訳『サクソンの魔女─樹の書』(既出)：サクソン派の文化的枠組みに基づく新しいウイッカの宗派ですが、徹頭徹尾ウイッカであることに間違いありません。

- ファーラー夫妻著、"The Witches' Way"〈魔女の道〉：ガードナー派の「影の書」のこまごまとした情報を集めたもので、完全なものではありません。第4章と第5章がとくに興味深いです。

- ハーマン・スレイター編、"A Book of Pagan Rituals"〈ペイガンの儀式の書〉：ペイガン方式の公式資料であり、完全にウイッカの方式というわけではありません。

- ハーマン・スレイター編、"Pagan Rituals Ⅲ"〈ペイガンの儀式　Ⅲ〉：本書の後半部分「神秘の本」は、ウェールズ派の研修生のために書かれたもので、カヴンに基づいていますが、かなり完全な「影の書」です。

- マリオン・ウェインステイン(Marion Weinstein)著、"Earth Magic: A Dianic Book of Shadows"〈大地の魔術：ディアニック派の影の書〉：おそらくこうした作品の中で最も奇妙なものです。ウイッカのいくつかの宗教行事に対する風変わりな手引書で、サバトの儀式は含まれていません。

- スターホーク著、"The Spiral Dance"——邦訳『聖魔女術－スパイラル・ダンス』（既出）：本書全体に「影の書」の要素が散見できます。

　これらの出版されている「影の書」を3、4冊読んだら、あなたは多少混乱するかもしれませんが、ウイッカが多様性に富んでいるという概念がすぐに理解できるでしょう。心に留めておいてほしいのは、ある「影の書」に、ウイッカはこうすると書いてあったからと言って、あなたもそうしなければいけない理由はまったくないということです。

　あなたが自分のウイッカの宗派を作りたいと思うのなら、「影の書」を作るべきです。そのうち変わっていくとしても（おそらく変わるでしょう）、あなたの「影の書」は、あなたのウイッカへの傾倒を示すシンボルとして存在しつづけます。それを見るたび、あなたは、自分はウイッカンだと、あらためて確認できるでしょう。

22 教えるということ（輪を広げる）
Teaching / Widening the Circle

　あなたはすでに、多くの人々よりウイッカについてよく知っています。エキスパートではないかもしれませんが、それに、疑問もたくさんあるかもしれませんが、ウイッカの本を読んだり、儀式を行ったりしたことがない人は、もっと疑問でいっぱいです。あなたが実践を続け、本を読み、ウイッカとしての自分の活動を検討するにつれ、知識と経験はますます増えていくことでしょう。もし自分の信仰について何人かの人に話したら、おそらく誰かが教えてくれと頼むことでしょう。やっぱりあなたはエキスパートなのです。

　そうならないかもしれませんが、もしそうなったら、あなたは重大な決断に迫られます——教えるべきか、教えざるべきか。以下の質問に答えてみると、この決断をするのに役立つはずです。

私は必要な知識や経験を備えているだろうか？
　言い換えれば、あなたは、基礎的なウイッカの儀式のスキルを身につけ、ツールを熟知し、サバトについてよく理解していて、女神や男神と深い結びつきを享受しているかということです。カヴン志向のウイッカに関するエキスパートではなくても、あなた自身の宗派においてエキスパートと言えるでしょうか？

人に教えられるほどのスキルがあるだろうか？

あなたは複雑な理論を、わかりやすい言葉で説明できますか。生徒に実演してみせるほど、ウイッカのテクニックに熟練していますか。教師になるのに、チョークと定規は必要ありません。教えるといっても、さまざまな形があります。その中で、ソロのウイッカンに教える際にベストなのは、誠実なトークとともに、儀式をやってみせることです（重々しいことは抜きにして）。

私には無限の忍耐力があるだろうか？

あなたは同じ質問に何度も同じ答えを繰り返すことができますか。とくに他人に対して、すぐに苛立ってしまいますか。「くだらない」質問というものがあると信じていますか。時おり夜中の2時に電話が鳴っても、気を悪くしませんか。

私には生徒の選び方がわかっているだろうか？

これは重要な疑問です。潜在能力のある生徒には、さまざまなタイプの人間がいます。もし誰かが数カ月学んで、そのあと二度とやってこなかったとしても、あなたは多くの時間を無駄にしたわけではありません。相手の人生に、ポジティブな影響を与えたかもしれないのです。もし教え子がどうしても「何人も害するなかれ」という規則を受け入れられず、ウイッカの魔術を、人を害する目的で使うようになったら、あなたはそんな生徒を選んだことに、罪悪感を抱くかもしれません。もし相手と深い関係にあるからというだけで、ウイッカについて教えたら、おそらく無駄な努力に終わるでしょう。友人もまた、教える相手としてふさわしいかは疑問です。固い友情で結ばれているからといって、生徒にふさわしいかどうかは別問題なのです。

私は本当に教えたいのだろうか？

あなたは自分の人生のきわめて個人的な側面を、喜んで人にさらけ出すことができますか。人に教えるという責任を負いたいと思いますか。

もしそうだとしたら、それはなぜでしょう？

あなたの真の動機は何でしょう。称賛でしょうか？ 生徒から崇拝されることでしょうか？ 自尊心を満足させることでしょうか？ あるいは、スピリチュアル面での成長と幸福において、他人を手助けしたいという欲求でしょうか？ あなたはウイッカの教え（あるいは禁忌）を「広め」たいという無意識の願望をもっていますか？ それとも、単に人に教えたいという欲求を満たしたいだけでしょうか？

どれくらいの時間なら、授業につぎ込んでもかまわないと思いますか？

あなたは生徒が1人だけでも、次の授業のためにメモを準備したり、新鮮な気分で臨めるように、ウイッカの別の側面について調べたり、ウイッカの難しいテーマが生徒に理解しやすくなるように、教え方を考えたり、授業や儀式など、時間のかかる作業のために時間を確保したいと思うことでしょう。授業をいくつぐらい担当するかは、あなたが決めることです。週に1度くらいが適当でしょう。

あなたの生徒はいくらぐらい払えるでしょう？

ウイッカの個人指導は無料ですが、ツール、書籍、キャンドル、インセンスなど、購入しなくてはいけない備品があります。あなたの生徒の予算が厳しければ、あなたが本やツールを貸したり、生徒が使う分も備品を余分に買ったりする気持ちはありますか（警告：ウイッカの本を貸したら、まず返ってきません）。

これらの質問に対する答えは、あなたが決断を下すのに役立つでしょう。まだ心の準備ができていないと判断したら、あるいは教えるのはまだ早いと感じたら、指導を頼んできた人にきちんと説明しましょう。教えようと決断したのなら、今すぐ授業のプランを立てはじめましょう。

　こうしたレッスンの形式、その長さや頻度は、すべてあなたが決めることです。授業を週（あるいは月）の特定の日に決めておくと、生徒も覚えやすいのでいいと思います。一般に、授業はあなたの家で行うのがベストでしょう。家で行えば、もし質問が出ても、あなたが話題にしたものをすぐに生徒に見せることができます（本の挿絵に出てきたツールなどは、生徒の家では見せることができないかもしれません）。

　授業は秘密にする必要はありませんが、あなたと生徒だけで行うのがベストです。小さな子供が3人足元を走り回っていたり、テレビがつけっぱなしだったり、イヌやネコが居間に入ってきたりしたら、魔法円の描き方を説明しようとしても、レッスンは徒労に終わってしまいます。くれぐれも、授業はあなたと生徒だけで行いましょう。

　以下に、授業を行う際の指針をいくつか提示しておきます。

自分が知っていることを教えましょう。

　当たり前のように思えるでしょうが、自分がまだよく理解できていない知識を教えようとする人がたくさんいます。あるテーマについて熟知していないなら、知ったかぶりをして教えてはいけません。もし授業中にそれに関する話題が出たら、手短に説明して、授業を先に進めましょう。そのテーマにこだわってはいけません。正直に教えましょう。何か質問されて、答えがわからなかったら、正直にそう言えばいいのです。たぶん、生徒と一緒に答えを見つけることができるでしょう。

教えることが人生のすべてにならないようにしましょう。

　教えることは人生の1つの面であり、重要でやりがいのある面ではあ

りますが、それだけを生きる目的にすべきではありません。

ユーモアを交えて教えましょう。

あなたが子供のころ、宗教についてどんなふうに教えられたかは忘れましょう。ウイッカは決して厳格で気難しい宗教ではなく、喜び、愛、楽しさにあふれた宗教です。だから、あなたの授業にもこの性質を反映させてください。漫談はやらないにしても、少なくとも快活に授業を行いましょう。しかつめらしく警告するつもりはありませんが、堅苦しい授業になってはいけません。

謙虚さをもって教えましょう。

尊大さは、純朴な生徒には感銘を与えるかもしれませんが、自分のパワーと知恵を大げさにひけらかすと、たちまち新入生にも反感を買ってしまいます。また、あなたのウイッカのやり方は変更不能だと思わせてはいけません。生徒には、これはあくまであなたのやり方であって、他にも多くのやり方があることを言っておきましょう。儀式の言葉を飛ばしたら、「罰」が当たるなどと生徒を脅かしてはいけません。ウイッカには、こんな迷信的な教えは存在しません。

ウイッカの古代史は、間違いなく存在すると確信できるもの以外は、教えてはいけません。

このテーマに関する本のほとんどは、たとえウイッカンが書いたものであっても、信用できません。ウイッカの歴史について教えたいのなら、ジェラルド・ガードナーから始まる近代史を教えましょう。間違いないと確信できるのは、せいぜいこの40年ぐらいのものです。

常識をもって教えましょう。

最初の2、3回の授業で、生徒をいきなり宗教的な深みへ放りこんで

はいけません。小さく始めて、徐々にレッスンの範囲を拡大し、複雑さを増していきましょう。とくに重要なポイントについては、生徒に理解できたか尋ねて、理解できていることを確認してから、さらに難しいテーマへと進めていきましょう（ポイントごとにテストをしてもいいです）。

授業は我慢して続けなければならないものだと思ってはいけません。
　生徒がウイッカに興味を示さなくなったり、破壊的な魔術を練習しているようなそぶりが見えたりしたら、授業は打ち切りましょう。

民間魔術（「用語解説」参照）**は教えてはいけません。**
　ウイッカとは、まじないをかけたり、キャンドルマジックを行ったりする集団ではありません。こうした眀らかに非宗教的、非ウイッカ的な行為について教えると決めたのなら、特別なクラスで、限られた人だけに教えましょう。

人をコントロールするために教えてはいけません。
　これもわかりきった警告なのですが、他人を支配したいという欲求を感じる人もいるようです。歴史を通して、宗教は文化における支配的な勢力だったので、中には権威者になるために、ウイッカを教えるようになった人もいます。これは、金銭上の利益とともに、人に何かを教える最悪の理由です。

愛をもって教えましょう。
　自分の生徒を愛せないかもしれません。でも、あなたの宗教のことは、言うまでもありませんが、愛しているはずです。ウイッカに対するあなたの気持ちを、授業で示しましょう。しかし、生徒の前で布教活動をしたり、口角泡を飛ばしたり、わめき散らしたりして、狂信者のようにならないよう気をつけましょう。何ごともバランスが肝心です。

自分で教えると決めたことを忘れてはいけません。
　あなたに教えるよう強制できる人は誰もいません。あなたは輪を広げ、参加したい人を招き入れたのです。この事実を祝福しましょう。

　教えはじめると、厄介な状況が発生することもありますが、何ごとも解決できます。少し訓練をしたあと、あるいは訓練をする前でさえ、生徒はそれとなくイニシエーションについてほのめかすようになるかもしれません。そして、時間がたつにつれ、このほのめかしは直接的であからさまになっていくことでしょう。
　このような要求は、何も言わずに聞き流してはいけません。生徒に誤った希望を抱かせてはいけないのです。自分以外の人にイニシエーションの儀式を行いたくないなら、最初の授業で生徒にそう伝えておきましょう。セルフ・イニシエーションを勧めて、その気があれば、あなたのやり方を教えてあげるといいでしょう。このことに関しては、はっきりさせておかねばなりません。しばらく誤った希望を抱きつづける生徒もいるでしょうが、少なくともあなたは、最初からはっきりさせておきましょう。
　もし人にイニシエーションを行うのは嫌ではないけれども、生徒にその準備ができたかどうか判断できないと思うなら、その状況が現実に起こる前に、イニシエーションを受けるには、授業がすべて終わったあとでテストに合格しなければならないことを生徒に告げておきましょう。また、すでに生徒の誠実さに確信をもっているなら、ただ「時期が来たら」とだけ言っておきましょう（イニシエーションの儀式を行っても、必ずしも個人的なウイッカのレッスンが終わるわけではありませんし、実際のところ、そんなことはめったにありません。しかし、とにかく生徒はイニシエーションを受けたがります。あなたは教師として、この問題に対処していかなければなりません。
　こんな状況も起こります。おそらくあなたは、生徒にいくつかの儀式

を実演してみせることになります。そして、いずれは、生徒はあなたと一緒に儀式を行うでしょう。すると生徒は、あなたがカヴンを主催しているという誤った考えを抱くかもしれません。これに関しても、あなたはカヴンを主催していないこと、他のメンバーは求めていないこと、生徒の前で儀式を行うのは授業の間だけだということを、最初から説明しておきましょう（ウイッカのカヴンという組織を完全に受け入れている生徒にとって、カヴンへの入会をあきらめることは難しい場合が多いようです。その場合は態度に現れます）。

　教えることに関しては、まだまだ言っておきたいことはありますが、やっていくうちにあなたは自分で答えを見つけていくでしょう。私たちはソロのウイッカンですから、人に教える必要はまったくありません。それでも、教えるということは、さまざまなレベルにおいて、とりわけやりがいのある活動です。
　輪を広げることは、この宗教への貢献であるとともに、あなたの信仰への祝福でもあります。また、終わりのない学びの経験でもあります。私がつねに言っているように、何かを学びたいのなら、それを教えてみるのが一番です。

23 ウイッカを生きる
Living Wicca

　本書のタイトルを"Living Wicca"（ウイッカを生きる）としたのには、2つの理由があります。1つは、ウイッカはまさに生きているからです。ウイッカは人気だけでなく、名声も高まり、繁栄のときを迎えています。社会の認識が高まるとともに、ほんの少しですが、理解も深まってきました（これまで公に「ウイッチクラフト」や「ウイッチ」という言葉が使われていましたが、それに反する風潮が出てきたのは、ウイッカへの認識が高まるプロセスに大きな助けになっています）。

　本書のタイトルはまた、この宗教の実践者の生き方を表しています。私たちはウイッカンとしての人生を、懸命に生きています。自分の信仰と自分の存在とを調和させようと努力するのは、他の宗教の信者も同じだと思います。言うまでもありませんが、誰もスーパー・ウイッカンではありません。外部の世界が私たちの生活を侵害したときは、難しい選択を下さねばなりません。そして、こうした選択の中には、ウイッカの教えと相いれないものも出てきます。それでも、ウイッカンとして人生を送ることには、苦労するだけの価値があり、ウイッカの実践はキャンドル、アサメイ、大釜（カルドロン）を使うだけのものではないと再認識させてくれます。

　ウイッカの精神性に基づいて毎日の生活を送ろうと意識的に決断すると、私たちの存在全体がぱっと明るく輝きます。詰まるところ、ウイッカとは、存在するすべてのものの源に対する崇敬の念なのです。女神と

男神の教えは、サバトやエスバットに関連するものだけだとはとても思えません。

　私たちの人生全体を、ウイッカ一色に塗る必要はありません。家族を捨ててチベットへ移住したり、来る日も来る日も日がな一日、儀式を行って過ごしたりする必要もないのです。最も必要な変化は、身体的なものではなく、精神的なものです。「何人も害するなかれ」という規則を守ることによって生じるポジティブな態度は、ウイッカンとしての生き方の、素晴らしい第一歩です。これはきわめて難しいことでもあります（とくに、ラッシュアワーの渋滞の中を運転しているときや、駐車スペースの取り合いをしているときには）。

　それでも、誰も落第生ではありません。腹が立ったときは、神にも怒りの感情はあるのだと思えばいいのです（ただし、私たちは神のこの側面に対して、とくに祈りを捧げたりはしませんが）。一時的にうっかりしてごみを散らかしてしまったとしても、身をかがめてキャンディの包み紙を拾いながら、自分だけに許しを乞えばいいのです。ウイッカンとして生きようとするとき、心に留めておくべきことが2つあります。1つは、神話学的に言って、神がなされなかったことで私たちにできることは何もないということです（神を驚かせることはできません）。女神と男神は何もかもご存じで、その理解を超えるものは何ひとつないのです。

　もう1つは、私たちは神に許しを乞うために、この地球に存在しているわけではないということです。これは、髪が伸びたからといって、美容師や理容師に謝る必要はないのと同じです。地球は教室であり、私たちは生徒です。カルマ、人生、自分自身、他人、女神と男神が先生で、私たち生徒はいつも答えを知っているわけではありません。過ちは人としての人生の一部です。謝って気が済むのなら、謝ればいいです。しかし、過ちから学び、できれば、あるいは必要なら、誤りを正していきましょう。そして、自分自身を許し、前へ進んでいきましょう。

ウイッカの信仰と実践の基本を学んだなら、次のステップは、この宗教に従って生きていくだけです。人生をどれほどその影響を受けたものにするかは、まったく私たち自身が決めることなのです。

　本書を執筆したのは、ウイッカの実践だけではなく、ウイッカンとしての生き方の手引書になればと思ったからです。それでも、ここにはアイデアや提案しか書いていません。私たち1人ひとりが、完璧な道を見つけなければならないのです。あなたの探求の旅に、女神と男神のご加護がありますように。

　幸いあれ。

用語解説

　これは用語解説であるとともに、ウイッカの一般的な儀式のテクニックと信仰の説明でもあります。用語解説はできるだけ宗派を問わず、ウイッカ全体に当てはまるものにしたつもりです。多くのウイッカの宗派にはそれぞれ固有の概念があり、ここに挙げた用語のいくつかに関しては、私とは意見を異にするかもしれませんが、それは仕方がないと思っています。

アサメイ：ウイッカの儀式用ナイフで、黒い柄がついた両刃のナイフ。アサメイは儀式において、個人のパワーを送る方向を示すのに使用する。実際に物を切るのに使うことはほとんどない。アサメイという名前の語源は不明で、つづりもウイッカンの間でいくつもあり、発音はそれ以上にさまざまだ。イギリスとアメリカ東海岸のウイッカンは「アサミィ（Ah-THAM-ee）」と発音するが、私は、最初は「アサーメイ（ATH-ah-may）」、後に「アーサウメイ Ah-THAW-may」と発音するように教えられた。

意識的マインド：人間の意識のうち、分析的で、物質に基づいた、合理的な考え方をする部分のこと。「霊的マインド」と比較を。

イニシエーション：個人が何らかのグループ、興味、スキル、宗教に入っていく、あるいは受け入れられるプロセスのこと。イニシエーションは儀式として行われる場合もあれば、自然発生的に起こる場合も

ある。

祈り：注意を神に集中し、神とのコミュニケーションに専心すること。ウイッカでは、祈りは女神と男神に向けられる。

生まれ変わり：人生は転生するという教義。人間という形で何度も転生を繰り返すうちに、性別も年齢もない存在へと進化を遂げる。ウイッカの基本理念の１つ。

インボルク（イモルグ）：２月１日あるいは２日に行われるウイッカの宗教的祭礼で、春の最初の兆しを祝う。

ウイッカ：現代におけるペイガン宗教で、神の顕現として自然を崇拝することに初期のスピリチュアルなルーツをもつ。ウイッカの神は女神と男神なので、多神教である。また、魔術の実践を重要視し、生まれ変わりを受け入れている。満月などの天文学的（それに農業に関する）現象を祝して宗教的祭礼を行う。悪魔崇拝とは何の関連もない。

ウイッカン：形容詞として、「ウイッカの」あるいは「ウイッカに関する」の意。また、ウイッカの信奉者という意で名詞として使用することもある。

ウイッカの宗派：組織され、構造化されたウイッカの集団で、普通はイニシエーションを実施し、独特の儀式のやり方をもっている。宗派の基盤となるのは、その「影の書」と、メンバーだけに明かされる口頭での具体的な指示である。ほとんどの宗派は多数のカヴンからなる。ほとんどの人は、他の宗派のメンバーもウイッカンと認めて

いる。ウイッカの宗派はたくさんあるが、中でも最も有名なのは、ガーディアン派だ。

ウイッチ（魔女）：古代、ヨーロッパに存在した、キリスト教以前の民間魔術、とくにハーブ（薬草）、ヒーリング、井戸、川、石に関する魔術の実践者。ウイッチクラフトを実践する者。後に、この言葉の意味は変化して、破壊的な魔術を行い、キリスト教を脅かす、正気を失った危険な人間を表すようになった。これは誤った定義だ（ウイッカンの中には、魔女と自称する者もいる）。

ウイッチクラフト：ウイッチのクラフト（知識、技術）という意味。魔術の中でも、とくに石、ハーブ（薬草）、色などの自然のものがもつエネルギーとつながった個人のパワーを使って行う魔術のこと。ウイッチクラフトはスピリチュアルな含意をもつが、この定義によると、宗教ではない。それでも多くのウイッカの信奉者は、自分の宗教を表すのにこの言葉を使う。

エスバット：ウイッカの儀式のうち、8つのサバト以外のすべての日に行われる儀式を指す。エスバットは満月の夜に行われることが多く、女神に捧げられる。

エネルギー：現在のところまだ測定できない（が実在している）、自然の物体や存在——人間の体も含め——すべてがもっているパワーを示す一般的な用語。民間魔術で使用される。「個人のパワー」を参照のこと。

エレメント：地（土）、風、火、水の四大元素のこと。この4つは宇宙の構成要素であり、古来魔術のエネルギーの源だった。

男神：ウイッカでは一般に、男神は男性原理で、女神を完ぺきに補完するものとされる。往々にして、男神は太陽、砂漠、森林、野生動物と同一視される。死と再生の神ともみなされる。8つのサバトにおいては、ウイッカは男神の誕生、成熟、女神との合一、そして死を祝福する。男神をキリスト教の神の概念と混同してはいけない。

オスタラ：大地に明らかな豊饒さが戻ってきたことを祝う、春分の日に行われるウイッカの祭礼。

カヴン：ウイッカンのグループのこと。通常はイニシエーションを行い、1人か2人の指導者が率いて、集団で儀式や魔術のワークを行う。カヴンはほとんどの場合、特定のウイッカの宗派の中で運営される。

かがり火：魔術や宗教的目的のために、一般に屋外で焚かれる火のこと。かがり火は、ウイッカの儀式ではユール、ベルテーン、リーザの際に焚かれる。

影の書：宗教的儀式、魔術、アドバイスなど、ウイッカの儀式に関する情報が収められた書物。「影の書」は多数存在し、唯一正しい「影の書」というものはない。

神のパワー：女神と男神がもつ目に見えない、純粋なエネルギー。生命力であり、すべての物の究極の源。ウイッカは儀式の中でこのエネルギーに触れる。「大地のパワー」「個人のパワー」と比較を。

儀式：祭礼。望みどおりの効果を生み出すために考案された動作、道具の使い方、内面的過程の形式のこと。宗教では、儀式は神との合一を目的としている。魔術では、儀式を行うことで、魔術を行う人が

目標に向けてエネルギーを放出できるようになっている。まじないも魔術の儀礼の1形態である。

祈祷：高次元のパワーに対する要請や請願。祈祷とは、内なる女神と男神のこうした側面との意識的なつながりを確立する手段。祈祷は、表面上は女神と男神に出現を乞うが、実際は女神と男神の存在を新しく認識することである。

クラフト：ウイッカに同じ。

ケーキとワイン：「ケーキとエール」とも呼ばれ、普通は魔法円の中で、儀式の終わり近くに、女神や男神と分かち合う簡単な食事のこと。このような儀式的な食事は、キリスト教以前から存在していた。

「幸運（グッドラック）」：時宜を得た正しい決断をしたり、正しい行動をしたり、自分をポジティブな立場に置く個人の能力。「不運（バッドラック）」は自己責任への無知と無関心から生じる。

香炉：耐熱性の容器で、儀式の間この中でインセンスを燃やす。一般に、ウイッカでは四大エレメント（元素）の火と関連づけられる。

個人のパワー：私たちの体を支えるパワーのこと。人間は最初子宮の中で、生物学的な母親からこのパワーを吸収し、その後は食物、水、月、太陽、その他の自然の物体から吸収する。ストレス、運動、セックス、受胎、出産の際にこのパワーを放出する。一般に、魔術とは個人のパワーを特定の目標に向けて移動させることを言う。

五芒星（ペンタグラム）：一筆描きできる星型五角形（1つの角が上に

ある）で、魔除けの効果があるとされてきた。今日五芒星は、地のエレメントやウイッカと結びつけられているが、邪悪な結びつきではない。

サウィン：10月31日に行われるウイッカの宗教的祭礼で、最後の収穫と冬への準備を祝う。

サバト：ウイッカの宗教的祭礼。

3倍返しの法：ウイッカの信仰で、私たちの行為は、ポジティブなものもネガティブなものも、3倍になって自分に返ってくるというもの。

視覚化：心の中でイメージを描くプロセス。魔術における視覚化とは、魔術の間に必要とされる目標のイメージを描くことで、これは意識的マインドの機能である。

祝福：ポジティブなエネルギーを人、場所、物に贈ること。スピリチュアルまたは宗教的な行為。

スクライング：霊的マインドとコンタクトを取るために、輝く物体、炎、水などを見つめ、あるいは覗きこむプロセスのこと。「水晶占い」など。

聖別：神聖さを与える行為のこと。ウイッカにおいては、儀式や魔術的儀礼で使うツールは、特定の儀式の最中にエネルギーを使って聖別する。

ソロのウイッカン：自分の選択あるいは事情により、グループの支援なしに個人で修業を行うウイッカンのこと。

大地のパワー：石、ハーブ（薬草）、炎、風、水、その他自然界の物質の中に存在するエネルギー。神のパワーを顕現し、必要な変化をつくり出すために魔術で使われる。「個人のパワー」と比較を。

チャージ：「パワーを与えること」を参照のこと。

ツール：ウイッカではよく使われる言葉で、ウイッカの儀式を円滑に行うための物質的な道具（香炉、杖、キャンドル、塩、水、インセンス）だけではなく、内面的過程（視覚化、集中など）も含まれる。一部の魔術では、この言葉は石、ハーブ（薬草）、色など、まじないに使われるパワーの源も指すこともある。

杖：ウイッカで使われる儀式のツールの１つで、祈祷の道具であり、女神と男神に呼びかけるときに使う。

時計回り：ポジティブな魔術やウイッカの儀式における伝統的な動作の形式（木に向かって立った場合、左手の方向に木の周りを１周すると、時計回りの動きになる）。ウイッカでは「太陽のような右回りの動き（deosil movement）」とも言う。

ハーブ（薬草）：魔術で使うほとんどの植物を指す。

ハイ・プリースティス：高度な経験をもつカヴンの指導者で、儀式をともに先導する２人の指導者のうち女性を指す。ウイッカンとして一定レベルの熟練と経験、知恵をもった女性が任じられる。この名称は、１回だけでなく、数回のイニシエーションを受けた女性を表す場合が多い。

ハイ・プリースト：ウイッカのグループにおいて、カヴンを率いて儀式を先導する2人の指導者のうち男性を指す。一定レベルの熟練と経験、知恵をもった男性が任じられる。この名称は、1回だけではなく、数回のイニシエーションを受けた男性を表す場合が多い。

破滅：人生を破壊するもの、無用なもの、有毒なもの、破壊的なもの、邪悪なものを表す。

破滅的な：「破滅」を参照のこと。

パワー：「エネルギー」「個人のパワー」「大地のパワー」「神のパワー」を参照のこと。

パワーを与えること：エネルギーを物質に注入する行為。

反時計回り：時計回りとは逆の方向へ動く儀式の動作。「時計回り」と比較を。

ハンドファスティング：ウイッカの中では、愛で結ばれた2人の人間が、女神と男神の前で結ばれる儀式を言う。

ビーザム：ほうき。

ペイガン：ラテン語で「辺境の住民」「田舎者」を意味するpaganusから来た言葉。今日ではウイッカとその他の多神教や、魔術を重視する宗教の信奉者を指すのに使われている。ペイガンとは悪魔崇拝者ではなく、危険でも邪悪でもない。

ベルテーン：4月30日に行われるウイッカの祝祭で、肥沃な大地の芽生えを祝う（女神と男神の結婚を祝うと考えるウイッカンもいる）。メイブ（May Eve）、ルードマス（Roodmass）、ヴァルプルギスの夜（Walpurgis Night）、サームハイン（Cethsamhain）とも呼ばれる。

ペンタクル：儀式用の物体（普通は木、粘土、金属で作られている）で、表面に五芒星（ペンタグラム）が彫られるか、描かれるか、刻まれている。これは大地のエレメントを表している。ウイッカでは、「ペンタグラム」と「ペンタクル」は置き換え可能な言葉として使用される。

ボリーン：ウイッカや魔術の儀式で、ハーブを切ったり、ザクロに突き刺したりと、実用的に使う白い柄のついた儀式用のナイフ。アサメイと比較を。

まじない：まじないは民間魔術の中心であり、単なる魔術の儀礼である。普通は非宗教的なもので、口に出して言葉を唱えることが多い。

魔術：ポジティブで必要な変化を起こすための、自然（だが目に見えない）エネルギーの動きのこと。魔術とは、エネルギーを喚起して目標を（視覚化を通して）定め、エネルギーを放出して変化を起こすこと。これは自然に則った（超自然的なものではなく）行為である。

魔法円：個人のパワーによって作られる球体で、一般にこの中でウイッカの儀式が行われる。魔法円の中は、ウイッカンと神が出会える共通の場とされる。魔法円という名称は、地面にできる形を表したもの。実際は球体なので、地面の上下にドーム状に伸びている。円は

魔法によって描かれる。

魔法円を描くこと：体からポジティブなエネルギーを放出して、大きな非物質的なパワーの球体を形成すること。この中でウイッカの儀式が行われることが多い。一般に、ウイッカの儀式は魔法円を描くことから始まる。そのプロセスは「魔法円を作る」「聖なる空間をつくり出す」などとも表現される。

民間魔術：ポジティブな変化を起こすために、個人のパワーと自然物質のツールを使い、非宗教的な枠組みの中で行われる魔術のこと。

瞑想：自己の内面、あるいは神や自然に向けて内省、熟考すること。

メイボン：秋分の日に行われるウイッカの宗教的祭礼で、その年の2度目の収穫を祝う。

女神：女神の定義はウイッカンの数だけある。一般に、女神は宇宙の創造主であり、肥沃、知恵、愛、思いやり、ヒーリング、パワーの決然とした源とみなされている。そして、ウイッカの思想ではしばしば月、海、大地と関連づけられ、女神は古来世界中の多くの宗教で崇拝されてきた。

目的：魔術においては、ワークの目標のこと。

目標：「目的」を参照のこと。

ユール：冬至に行われるウイッカの宗教的祭礼で、太陽の再生を祝う。

予知：魔術の1つで、ランダムに置いたパターンやシンボルを解釈して、未知のことを発見すること。「占い」と混同されることもある。

リーザ：夏至に行われるウイッカの宗教的祭礼で、魔術を行う伝統がある。「ミッドサマー」とも呼ばれる。

ルーナサ：8月1日に行われるウイッカの宗教的祭礼で、その年の最初の収穫を祝う。

ルーン文字：細い棒のような文字で、その中には古代チュートン語のアルファベットのなごりもあれば、象形文字もある。これらのシンボルは、あらゆる形式の魔術において、再び広く使用されている。

霊的自覚：意識して霊的な状態になることで、そこでは霊的マインドと意識的マインドが結びつき、調和して働く。

霊的マインド：潜在意識あるいは無意識状態のマインドで、そこでは霊的インパルスを受け取る。霊的マインドは眠っているとき、夢を見ているとき、瞑想中にはたらく。

B. C. E.：紀元前のことで、非宗教的な表記はB.C.。

C.E.：西暦。非宗教的表記はA.D 。

参考図書リスト
（注釈付き）

　この数年の間に、新しい書物が多数出版されました。また、多数の本が再版になっています。ここに挙げた作品はすべて参考になるでしょうが、私はその内容すべてに同意しているわけではありません。いつもそうしているとは思いますが、慎重に読んでください。

ウイッカ

- Anderson, Victor H. *Thorns of the Blood Rose.* Edited and introduced by Gwydion Pendderwen. Nemeton Magazine, 1980.
　——女神にインスピレーションを受けた詩を集めた、興味深い詩集。

- Bourne, Lois. *Conversations With a Witch.* London: Robert Hale, 1989.
　——イギリスのウイッカンの生活。

- Cabot, Laurie and Tom Cowan. *Power of the Witch: The Earth, the Moon, and the Magical Path to Enlightenment.* New York: Delta, 1989.
　——ウイッカの入門書であり、民間魔術の手引書。

- Crowley, Vivianne. *Wicca: The Old Religion in the New Age.* Wellingborough (Northamptonshire, England): Aquarian, 1989.

- Crowther, Patricia. *Witch Blood! The Diary of a Witch High Priestess.* New York: House of Collectibles, 1974.

- Farrar, Stewart. *What Witches Do: The Modern Coven Revealed.* New York: Coward, McCann, and Geoghehan, 1971.
  ——カヴンの活動の紹介。

- Farrar, Janet and Stewart Farrar. *The Life and Times of a Modern Witch.* Custer (Washington): Phoenix, 1988.
  ——優れたウイッカの入門書。

- Gardner, Gerald. *The Meaning of Witchcraft.* London: Aquarian Press,1959. Reprint. London: Aquarian Press, 1971. Reprint. New York: Magickal Childe Publishing, 1982.

- Gardner, Gerald. *Witchcraft Today.* New York: Citadel, 1955. Reprint. New York: Magickal Childe Publishing, 1988.
  ——現代のウイッカに関する最初に出版された書籍。

- Glass, Justine. *Witchcraft, the Sixth Sense and Us.* North Hollywood: Wilshire, 1965.
  ——写真も掲載されている。

- Martello, Leo Louis. *Witchcraft: The Old Religion.* Secaucus (New Jersey): University Books, 1973.

- Valiente, Doreen. *Where Witchcraft Lives*. London: Aquarian Press,1962.
　——イギリスのウイッカとサセックスの民間伝承の初期の紹介。魅力的で楽しめる書籍。

実践面の指導

- Buckland, Raymond. *The Tree*. New York: Weiser, 1974. （レイモンド・バックランド著『サクソンの魔女—樹の書（魔女たちの世紀３）』楠瀬 啓訳、国書刊行会、1995年）
　——ウイッカの伝統に関する完全ガイド。

- Buckland, Raymond. *Buckland's Complete Book of Witchcraft*. St. Paul: Llewellyn Publications, 1986. （レイモンド・バックランド著『バックランドのウイッチクラフト完全ガイド』佐藤美保訳、パンローリング、2016年）

- Budapest, Z. *The Holy Book of Women's Mysteries, Part I*. Oakland: The Susan B. Anthony Coven #1, 1979.

- Campanelli, Pauline and Dan Campanelli. *Wheel of the Year: Living the Magical Life*. St. Paul: Llewellyn Publications, 1989.
　——この２人のウイッカンは、魅力的できわめて有用な、ウイッカ、ペイガン、魔術の情報と１年間の活動をまとめた本を書き上げた。実に楽しい本。

- Crowther, Patricia. *Lid Off the Cauldron: A Handbook for Witches*. London: Robert Hale, 1981.

――これも実用的な手引書。

- Farrar, Janet and Stewart Farrar. *Eight Sabbats for Witches*. London:Robert Hale, 1981. （ファーラー夫妻著『サバトの秘儀（魔女たちの世紀5）』（秋端 勉監修、ヘイズ中村訳、国書刊行会、1997年）
――サバトの儀式と最初の「影の書」の由来を紹介する。ドリーン・ヴァリエンテの厚意により実現した本。

- Farrar, Janet and Stewart Farrar. *The Witches' Way: Principles, Rituals and Beliefs of Modern Witchcraft*. London: Robert Hale, 1984.
――ガードナーによる最初の「影の書」に関するさらに詳しい説明と、多くの実用的な情報。注記：この本は、Magickal Childe Publishing社によって再版され、ファーラー夫妻（Janet and Stewart Farrar）著の"Eight Sabbats for Witches"と合本されている。合本された本のタイトルは"A Witches' Bible Compleat"である。

- Fitch, Ed. *Magical Rites From the Crystal Well*. St. Paul: Llewellyn Publications,1984.
――ネオ・ペイガニズムの儀礼について網羅的に解説した本。

- Green, Marian. *A Witch Alone: Thirteen Moons to Master Natural Magic*. London: Aquarian Press, 1991.
――並はずれた書物だ。それぞれの章が、魔術とウイッカ信仰の熟達度を向上させるよう意図されたレッスンを通して、読者を導く。厳密に言うと、完全なるウイッカの本ではないが、よく出来た本で、明らかにイギリス人の読者を想定している。

- K., Amber. *How To Organize a Coven or Magickal Study Group*. Madison(Wisconsin): Circle Publications, 1983.
    ——タイトル通り、カヴンを組織するための明白なガイドライン。

- Slater, Herman (editor). *A Book of Pagan Rituals*. New York: Weiser, 1974.
    ——ペイガンの方式の儀式を選び出し、集めたもの。

- Slater, Herman (editor). *Pagan Rituals III: Outer Court Training Coven*. New York: Magickal Childe Publishing, 1989.
    ——本書の前半部分は、故エド・ブチンスキー（Ed Buczynski）著 "The Witchcraft Fact Book" の再版で、後半には、元はウェールズ派の "outer court"（すなわち、イニシエーションを受けていない）生徒のために書かれた「影の書」の完全版が掲載されている。

- Starhawk. *The Spiral Dance*. San Francisco: Harper and Row, 1979.（スターホーク著『聖魔女術－スパイラル・ダンス（魔女たちの世紀１）』鏡リュウジ、北川達夫訳、国書刊行会、1994年）
    ——女神崇拝の古典的な手引書。

- Valiente, Doreen. *Witchcraft For Tomorrow*. London: Robert Hale, 1978.（ドリーン・ヴァリアンテ著『魔女の聖典（魔女たちの世紀６）』秋端 勉訳、国書刊行会、1995年）
    ——「影の書」（完全なものではない）と、ウイッカのさまざまな側面を説明した数章が含まれている。

- Valiente, Doreen and Evan Jones. *Witchcraft: A Tradition Renewed*. Custer (Washington): Phoenix, 1990.

——ロバート・コクランの儀式と信仰を再構成した興味深い本。コクランはリージェンシー派とウイッチクラフトの1734の宗派に、インスピレーションを与えた人物である。これまで出版された本とまったくおもむきの異なる本。

- Weinstein, Marion. *Earth Magic: A Dianic Book of Shadows*. New York: Earth Magic Productions, 1980. Reprint. Custer (Washington): Phoenix, 1986.
　　——他に類を見ない手引書。「影の書」としては不完全なものだろう。だが、興味をそそり、有益な本であることは間違いない。

女神

- Downing, Christine. *The Goddess: Mythological Images of the Feminine*. New York: Crossroad, 1984.

- Gimbutas, Marija. *The Goddesses and Gods of Old Europe*. Berkeley: The University of California Press, 1982. （マリヤ・ギンブタス著『古ヨーロッパの神々』鶴岡真弓訳、言叢社、1998年）

- Gimbutas, Marija. *The Language of the Goddess*. San Francisco: Harper & Row, 1989.
　　——歴史的価値のある、圧倒的な作品。写真や図が多く掲載されている。

- Graves, Robert. *The White Goddess*. New York: Farrar, Straus and Giroux, 1973.

- Neumann, Erich. *The Great Mother: An Analysis of the Archetype.* Princeton: Princeton University Press, 1974. （エーリッヒ・ノイマン著『グレート・マザー——無意識の女性像の現象学』福嶋 章訳、ナツメ社、1982年）
    ——女神へのユング派的アプローチ。本書には185ページもの女神像の写真が掲載されている。

- Stone, Merlin. *When God Was a Woman.* New York: Dial Press, 1976.

- Walker, Barbara. *The Woman's Dictionary of Symbols and Sacred Objects.* San Francisco: Harper & Row, 1988.

- Walker, Barbara. *The Woman's Encyclopedia of Myths and Secrets.* SanFrancisco: Harper & Row, 1983. （バーバラ・ウォーカー著『神話・伝承辞典——失われた女神たちの復権』山下主一郎ほか訳、大修館書店、1988年）

ウイッカに関する参考図書

- Adler, Margot. *Drawing Down the Moon: Witches, Druids, GoddessWorshippers, and Other Pagans in America Today.* Revised and Expanded Edition. Boston: Beacon Press, 1986.
    ——これは必読書だ。現代のウイッカとペイガニズムについての概要が紹介されている。写真も掲載されている。

- Burland, C. A. *Echoes of Magic: A Study of Seasonal Festivals Through the Ages.* London: Peter Davies, 1972.

——熟達した民俗学者による季節の祭礼（サバト）の象徴化についてのひじょうに興味深い研究。全編を通じて、著者がとくに性的な事柄を書くのを楽しんでいる様子が伝わってくる。それでも素晴らしい情報源だ。

- Farrar, Janet and Stewart Farrar. *The Witches' God: Lord of the Dance.* Custer (Washington): Phoenix, 1989.
——ウイッカにおける男神の解説が、1冊にまとめられている。写真も掲載されている。

- Farrar, Janet and Stewart Farrar. *The Witches' Goddess.* Custer (Washington): Phoenix, 1987.
——写真も掲載されている。

- Guiley, Rosemary. *The Encyclopedia of Witches and Witchcraft.* New York: Facts on File, 1989.（ローズマリ・エレン・グィリー著『魔女と魔術の辞典』荒木正純ほか訳、原書房、1996年）
——よく調査された百科事典のような作品。共感を引き起こす。

- Johns, June. *King of the Witches: The World of Alex Sanders.* London: P. Davies, 1969.

- Kelly, Aidan A. *Crafting the Art of Magic: A History of Modern Witchcraft, 1939-1964.* St. Paul: Llewellyn Publications, 1991.
——現代のウイッカの創造についての理論的な再構築。

- Mathers, S. L. *MacGregor (editor and translator). The Key of Solomon the King.* New York: Weiser, 1972.（S・L・マクレガー・

メイザーズ著『ソロモンの大いなる鍵　高等魔術・魔女術体系2』魔女の家BOOKS、1980年)
　　——現代のウイッカの儀礼のいくつかは、部分的にせよ、この作品に基づいている。ウイッカはこの鍵からシンボルをいくつか借用してきた。

- Valiente, Doreen. *The Rebirth of Witchcraft.* London: Robert Hale,1989. Reprint. Custer (Washington): Phoenix, 1989.
　　——最近のウイッカの歴史への重要な追加情報。有益な情報に思わず心を奪われるだろう。

魔術

- Howard, Michael. *The Magic of Runes.* New York: Weiser, 1980.

- Howard, Michael. *The Runes and Other Magical Alphabets.* New York: Weiser, 1978.

- K., Amber. *True Magick: A Beginner's Guide.* St. Paul: Llewellyn Publications, 1990.
　　——きわめて忠実にウイッカに基づいた民間魔術の入門書。

- Koch, Rudolph. *The Book of Signs.* New York: Dover, 1955.

- Mathers, S. L. MacGregor (editor and translator). *The Key of Solomon the King.* New York: Weiser, 1972. （S・L・マクレガー・メイザーズ著『ソロモンの大いなる鍵　高等魔術・魔女術体系2』魔女の家BOOKS、1980年)

- Pepper, Elizabeth and John Wilcox. *Witches All.* New York: Grosset and Dunlap, *1977.*
　——一般的なウイッチの暦に基づいた民間魔術集。

- Tyson, Donald. *Rune Magic.* St. Paul: Llewellyn Publications, 1988.

- Valiente, Doreen. *Natural Magic.* New York: St. Martin's Press, 1975.

- Weinstein, Marion. *Positive Magic: Occult Self-Help.* New York: Pocket Books, 1978.
　——魔術への素晴らしい入門書。増補版も出版されている。

スコット・カニンガムの著作一覧

- *The Complete Book of Incense, Oils, and Brews*, 1986 （邦訳『願いを叶える魔法の香り事典』白石美代子訳、パンローリング、2016年）
- *Cunningham's Encyclopedia of Crystal, Gem & Metal Magic*, 1987 （邦訳『願いを叶える魔法のパワーアイテム事典』白石美代子訳、パンローリング、2016年）
- *Cunningham's Encyclopedia of Magical Herbs*, 1985 （邦訳『願いを叶える魔法のハーブ事典』木村正典監訳、塩野未佳訳、パンローリング、2014年）
- *Cunningham's Encyclopedia of Wicca in the Kitchen*, 2003 ――以前のタイトルは "*The Magic In Food*"（この旧版（1991）の邦訳が『マジカルフードブック――食べ物の魔法事典』吉田倭子訳、日本ヴォーグ社、1992年）
- *Divination for Beginners*,2003 〈初心者のための予言指南〉――以前のタイトルは "*The Art of Divination*" 〈予言術〉
- *Dreaming the Divine*,1999 〈夢で神と出会う〉――以前のタイトルは "*Sacred Sleep*" 〈聖なる眠り〉
- *Earth, Air, Fire, & Water*,1991 〈地、風、火、水〉
- *Earth Power*,1983 （邦訳『アースパワー――大自然から贈られた神秘の力』桜井伸子訳、心交社、2008年）
- *Hawaiian Magic & Spirituality*,1999 〈ハワイの魔術とスピリチュアリティ〉
- *Herb Magic* (video),1987 〈ハーブ・マジック――ビデオ〉

- *Magical Aromatherapy: The Power of Scent*,1989　〈魔法のアロマテラピー：香りのパワー〉
- *Magical Herbalism*,1982　〈魔法のハーブ療法〉
- *The Magical Household*（with David Harrington）,1993　〈魔法の家庭運営法——デイビッド・ハリントンとの共著〉
- *The Truth About Herb Magic*,1993　〈ハーブ・マジックの真実〉
- *The Truth About Witchcraft Today*,1988　〈今日のウイッチクラフトの真実〉
- *Wicca*,1998　（邦訳『魔女の教科書——自然のパワーで幸せを呼ぶ"ウイッカ"の魔法入門』佐藤美保訳、パンローリング、2015年）
- *Cunningham's Book of Shadows*,2009　〈カニンガムの影の書〉

 ## スコット・カニンガムの伝記

- *Whispers of the Moon*,1996 by David Harrington and deTraci Regula　〈月のささやき——デイビッド・ハリントン、デ・トレイシー・レグーラ著〉

■**著者紹介**
スコット・カニンガム（Scott Cunningham）
1956年米国ミシガン州生まれ。1993年没。高校在学中からウイッカについて学び、20年にわたって自然のパワーによる魔法を実践していた。フィクション・ノンフィクションあわせて30冊以上の著作がある。翻訳書では、『魔女の教科書』『願いを叶える魔法のハーブ事典』『願いを叶える魔法の香り事典』『願いを叶える魔法のパワーアイテム事典』『西洋魔法で開運 入門』『西洋魔法で開運 発展編』（以上、パンローリング刊）がある。

■**訳者紹介**
元村まゆ（もとむら・まゆ）
同志社大学文学部卒業。自己啓発書、スピリチュアル系書籍の翻訳協力多数。訳書として『Sky People』（ヒカルランド）。

■**翻訳協力**
株式会社トランネット
http://www.trannet.co.jp

2017年1月3日 初版第1刷発行

フェニックスシリーズ㊼

魔女の教科書
――ソロのウイッカン編

著　者　スコット・カニンガム
訳　者　元村まゆ
発行者　後藤康徳
発行所　パンローリング株式会社
　　　　〒160-0023　東京都新宿区西新宿7-9-18-6F
　　　　TEL 03-5386-7391　FAX 03-5386-7393
　　　　http://www.panrolling.com/
　　　　E-mail　info@panrolling.com
装　丁　パンローリング装丁室
印刷・製本　株式会社シナノ

ISBN978-4-7759-4166-9
落丁・乱丁本はお取り替えします。
また、本書の全部、または一部を複写・複製・転訳載、および磁気・光記録媒体に入力することなどは、著作権法上の例外を除き禁じられています。

©Mayu Motomura 2017　Printed in Japan

魔女の教科書
自然のパワーで幸せを呼ぶウイッカの魔法入門

ISBN 9784775941362
定価：本体価格 1,500円＋税

世界で100万人以上に読まれている、目に見えないパワーを利用した「幸せの魔法」入門。幸せを願って魔法を使えば、人生を好転させ、荒廃したこの世界にポジティブなエネルギーをもたらす存在となれるでしょう。願い事を叶える事や魔法に興味がある人が一番最初に読む本。

願いを叶える 魔法のハーブ事典

ISBN 9784775941294　定価：本体価格 1,800円＋税

世界各地で伝わるハーブ魔法に関する必要な情報を網羅。400種類以上のハーブを魔法の効果や支配元素などで紹介。ハーバリスト必読の書。

西洋魔法で開運 入門
四大元素"土風火水"がパワーを引き寄せる

ISBN 9784775941614　定価：本体価格 1,500円＋税

自然のパワーを使って願いをかなえる「自然魔術」と呼ばれる、西洋で昔から伝わる開運術の入門編。

『西洋魔法で開運 発展編』も発売中

願いを叶える 魔法の香り事典
ISBN 9784775941515　定価：本体価格 1,800円＋税

願いを叶える 魔法のパワーアイテム事典
ISBN 9784775941522　定価：本体価格 1,800円＋税